Wandern
im
Pfaffenwinkel und Werdenfelser Land

W0067463

Wilfried Bahnmüller

Inhalt

Wandern im Pfaffenwinkel

Wandersaison

Die beste Wanderzeit für den Pfaffenwinkel und das Werdenfelser Land ist vom späten Frühjahr bis weit in den Herbst. Die Touren im Vorgebirge (1 bis 9, 11, 12, 14, 17, 18, 20, 24, 27, 31, 33, 34, 35) kann man, wenn es nicht zu stark geschneit hat, auch im Winter gehen.

Anspruch

In der Rubrik ›Die Wanderung in Kürze‹ wird jeweils darauf hingewiesen, ob es sich bei der Wanderung um eine einfache (+), eine mittelschwere (++) oder eine anspruchsvolle (+++) Tour handelt.

Gehzeiten

Bitte beachten Sie: Alle in diesem Wanderführer aufgeführten Zeiten verstehen sich als reine Gehzeiten.

Rechnen Sie bei der Planung einer Tour noch etwa ein Fünftel bis ein Viertel der Zeit hinzu, um Pausen für die Rast oder zum Fotografieren, Abstecher oder schlimmstenfalls ein Verlaufen zu berücksichtigen. Auch ein Wettersturz, abgerutschte Wege oder angeschwollene Bäche können die Wanderzeit erheblich verlängern.

Ausrüstung

Feste Wanderstiefel (Trekkingstiefel) sind bei längeren Wanderungen unbedingt empfehlenswert. Sie sollten leicht, aber dennoch möglichst wasserdicht sein. Auf Teerstraßen reichen auch Turnschuhe. Bei Bergwanderungen sind Teleskopstöcke (zum Zusammenstecken) nützlich, die vor allem beim Abstieg die Gelenke erheblich entlasten. Regen- und Sonnenschutz sollte man immer dabeihaben. Sollte für eine Wanderung spezielle Ausrüstung notwendig sein, ist das gesondert vermerkt.

Wanderkarten

Die besten Wanderkarten für den Pfaffenwinkel und das Werdenfelser Land sind die Umgebungskarten des Bayerischen Landesvermessungsamtes im Maßstab 1:50 000. Auf fünf Blättern (Ammersee–Starnberger See, Paffenwinkel–Staffelsee, Bad Tölz–Lenggries, Karwendelgebirge, Werdenfelser Land) wird die gesamte Region abgedeckt.

Bergwetterdienst

Ansage vom Band ✆ 0 89/29 50 70; oder ✆ 01 90/11 60 11. Tourenberatung (keine Wandervorschläge) des Deutschen Alpenvereins: ✆ 0 89/29 49 40.

Sicherheit

Gehen Sie im Hochgebirge nie allein auf eine Wanderung. Falls Ihnen etwas zustößt, kann Ihre Begleitung Hilfe holen. Sinnvoll ist auch die Mitnahme eines Handys. Immer mehr Hütten werden mit Sendestationen ausgerüstet, so dass sich der Empfang in den Bergen in letzter Zeit deutlich verbessert hat. Hinterlassen Sie in Ihrer Unterkunft einen Hinweis, wohin Sie aufbrechen und wie lange Ihre Wanderung voraussichtlich dauern wird.

Notruf

Alpines Notsignal: 6x pro Minute (alle 10 Sekunden) optisches oder akustisches Signal (Rufen, Pfeifen, Winken), dann 3 Min. Pause, dann wiederholen. Antwort: 3x pro Minute ein Signal. **Polizei:** ✆ 110

Mit Bus und Bahn

Die Ausgangspunkte der Wanderungen sind fast alle mit öffentlichen Verkehrsmitteln zu erreichen. Sie können davon ausgehen, dass zumindest eine Busverbindung in der Frühe und am Abend besteht. Oft fahren aber die Busse oder die Bahn nur werktags, da sie als Zubringer für Fabriken und Schulen dienen. Es ist daher bei der Anfahrt mit öffentlichen Verkehrsmitteln unerlässlich, den genauen Fahrplan rechtzeitig vor Ort zu erfragen, um gegen böse Überraschungen gefeit zu sein.

SYMBOLE IN DEN KARTEN

- ⌂ Gasthaus, Berghütte (bewirtschaftet)
- ⌂ Schutzhütte, Alm (unbewirtschaftet)
- ♦ Kirche
- ♦ Kapelle
- ♦ Burg, Schloss
- ♦ Burgruine
- ⚑ Denkmal, Monument
- ✿ Wassermühle
- † Wegkreuz, Marterl, Bildstock
- ⋒ Höhle
- ∿ Wasserfall
- ○ Quelle
- ♣ Hervorragender Nadelbaum
- ♀ Hervorragender Laubbaum
- ⊢ Schiffsanlegestelle
- ≈ Schwimmbad

Seen, Moränenhügel und Hochgebirge

Geologie des Wandergebietes

Der Pfaffenwinkel zwischen Starnberger See, Lech und Alpenrand hat keine genau abgesteckten Grenzen, denn er war nie eine politische Einheit. Das Werdenfelser Land dagegen war als Grafschaft genau definiert: Im Süden stimmten seine Grenzen ziemlich exakt mit der heutigen Landesgrenze überein, im Norden endete es bei Eschenlohe und am Walchensee. Wir wollen auf einer Gedankenreise die Grenzen des Gebietes abfahren, das dieses Buch behandelt. Dazu beginnen wir in Starnberg und folgen dem Westufer des Starnberger Sees bis zu seiner Südspitze. Dann ziehen wir unsere Grenze hinüber nach Benediktbeuern und wandern auf der alten Fernstraße über den Kesselberg bis Mittenwald. Von hier aus geht es die Tiroler Grenze entlang in das Ammergebirge und weiter zum Lech. Bis Schongau nehmen wir den Lech als Grenze und kehren dann in einer fast geraden Linie über das Südende des Ammersees nach Starnberg zurück.

Im Norden liegen, eingebettet in Moränenhügel, die beiden großen Seen dieses Landes, der Ammersee und der Starnberger See. Nach Süden hin, bis zu den Bergen, werden die Seen kleiner. Meist sind sie von großen Mooren umgeben, die jedoch mittlerweile fast alle trockengelegt wurden und als Acker- oder Weideflächen dienen. Die Berge beginnen zunächst recht harmlos, die erste Kette ist kaum über 1500 m hoch und bis obenhin mit Wald bedeckt. In zweiter Linie ragen Felsen bis 1800 m auf, im Karwendel und Wetterstein reichen die Gipfel bereits bis knapp unter die 3000-m-Marke, ein echtes Hochgebirge, in dem viele Regionen für Wanderer nicht mehr zugänglich sind.

Entstanden ist diese herrliche Landschaft in den letzten 50 Mio. Jahren. Damals begann der afrikanische Kontinent langsam nach Norden zu driften. Er kollidierte mit Europa und der gewaltige Druck faltete das Land zu Bergen auf, ähnlich wie ein Tischtuch, das man von einer Seite her zusammenschiebt.

Vor etwa 17 Mio. Jahren war nördlich der Alpen eine Landschaft entstanden, die schon eine gewisse Ähnlichkeit mit unserem Voralpenland hatte. Bäche und Flüsse strömten von den Bergen her nach Norden, dazwischen lagen Seen eingestreut, die sich aufgestaut hatten. Geordnet dürfen wir uns das allerdings nicht vorstellen. Die Wasser suchten sich ihren Weg, wie es der Zufall oder das Gelände wollte, Hochwasser veränderten auf einen Schlag das ganze Landschaftsbild. Das Klima war damals sehr viel wärmer als heute, Elefanten, Nashörner, Krokodile und viele Tiere, die inzwischen ausgestorben sind, z. B. der Hundebär oder der Hasenhirsch, gehörten zu den Bewohnern dieser wilden Landschaft.

Vor etwa 2 Mio. Jahren kühlte sich die Erde ab. Die erste von sechs Eiszeiten begann, die letzte sollte erst vor 10 000 Jahren zu Ende gehen. Die gesamten Alpen waren während dieser Kaltzeiten vergletschert, nur die höchsten Spitzen ragten aus dem Eis. Vor etwa 20 000 Jahren, zum Zeitpunkt der stärksten Vergletscherung, reichte das Eis bis fast dorthin, wo heute München liegt. Dann zog es sich langsam wieder zurück. Doch das war kein gleichmäßiges Schrumpfen, sondern eher ein Hin und Her mit rückwärts gerichteter Tendenz. Wie ein Bulldozer schob das Eis bei jedem Vorstoß Schotter vor sich her, beim Rückzug ließ es diesen Schotterhaufen einfach liegen. So entstanden die Moränenhügel, und wenn man drauf achtet, sieht man, dass sie auch wirklich sehr oft von West nach Ost ausgerichtet sind.

Beim Rückzug der Eismassen kam es immer wieder vor, dass vom Rand ein Stück abbrach und liegen blieb. Bis der letzte Rest dieses Eises geschmolzen war, mögen 1000 Jahre oder mehr vergangen sein. Wenn es aber dann so weit war, dann war ein großes mit Wasser gefülltes Loch in der Landschaft entstanden: ein »Toteissee« war geboren. Die Osterseen bei Iffeldorf sind ein typisches Beispiel dafür. Dort, wo die Gletscher bei ihrem Rückzug ein großes Tal hinterlassen haben, das nach Norden hin nur wenig Abfluss hatte, konnten sich Seen wie der Ammersee und der Starnberger See aufstauen. Weil kein großer Fluss sie mit Geschiebe auffüllte, blieben sie uns erhalten. Dass aber selbst ein kleiner Fluss wie die Ammer die Landschaft beträchtlich verändern kann, sieht man am Ammersee. Noch vor etwa 2000 Jahren reichte er bis fast nach Weilheim, inzwischen ist sein Südufer fast 10 km nach Norden gerückt. Der Kochelsee bedeckte nach der Eiszeit das Gebiet bis nach Penzberg, durch seine Verlandung ist das riesige Moorgebiet bei Benediktbeuern entstanden, das erst in den letzten Jahrhunderten trockengelegt wurde.

Der Pfaffenwinkel und seine Klöster

Im Werdenfelser Land und im Pfaffenwinkel haben weder die Römer noch die Kelten allzu viele Spuren hinterlassen. Ins Licht der Geschichte rückt unser Land erst unter den Agilolfingern, einem Fürstengeschlecht, das im Jahr 548 in Bayern die Herrschaft übernahm. Sie haben ihre Untertanen, wahrscheinlich eine Mischung aus Kelten, verbliebenen Römern, Germanen und Alemannen, zu einem Volk zusammengeschweißt. Der vorletzte Agilolfinger, Herzog Odilo, führte in seinem Reich eine einheitliche Verwaltung ein und überließ es der Kirche, eine brauchbare Organisation dafür aufzubauen. Dazu gründete der päpstliche Legat Bonifatius vier Bischofssitze: Regensburg, Passau, Freising und Salzburg. Mit den diesen Bistümern unterstellten Urpfarreien war eine feingliedrige Organisation geschaffen, die dem Herzog den Zugriff auf jeden Ort seines Reiches ermöglichte. Nur eine Ausnahme gab es: den Pfaffenwinkel. Der gehörte zwar zum Herrschaftsgebiet der Agilolfinger, kirchlich aber hatte ihn Bonifatius Augsburg und damit dem fränkischen Erzbistum Mainz zugeschlagen. Vermutlich war dies die Folge einer verlorenen Schlacht, in der sich 743 Herzog Odilo und die Franken gegenüberstanden. Bis heute gehört der Pfaffenwinkel bis fast an die Stadtgrenze Münchens hin zur Diözese Augsburg.

Die Agilolfinger besaßen also den Pfaffenwinkel, aber die Bischöfe von Augsburg hatten darin weitgehende Rechte. Aus diesem doppelten Einfluss leitet sich das Wort

Pfaffenwinkel ab, denn in der altbayerischen Begriffswelt ist ein Winkel eine Region, der zwar einer Person gehört, in dem aber eine zweite Rechte hat.

Überall im Pfaffenwinkel stehen stattliche und z. T. uralte Bauernhöfe. Man erhält unwillkürlich den Eindruck, dass es den Bauern früher sehr gut gegangen sein muss. Die Ursache dafür ist die innere Struktur der bayerischen Klöster, die den Pfaffenwinkel weitgehend beherrscht haben.

Die größeren von ihnen waren, mit heutigen Worten gesagt, internationale Konzerne, die, im Gegensatz zu unseren Industrie-Imperien, neben ihrer wirtschaftlichen Aufgabe die Förderung von Religion, Kultur und Bildung als gleichrangig ansahen. An der Spitze des Konzerns stand der Abt. Seine Führungsmannschaft waren die Mönche, die für den Betriebsablauf und für die Forschung verantwortlich waren. Es gab sogar eine Art Aufsichtsbehörde, einen der kurfürstlichen Regierung in München unterstellten Juristen. Dieser hatte darüber zu wachen, dass Recht und Gesetz eingehalten wurden. Natürlich gab es in einem solchen Kloster›konzern‹ auch Mitarbeiter, Handwerker, Land- und Forstarbeiter sowie Hilfskräfte aller Art. Diese Angestellten hatten die Garantie einer lebenslangen Stellung. Die Bezahlung erfolgte größtenteils in Naturalien, nur besondere Leistungen wurden in Bargeld entlohnt. Diese Versorgungsgarantie galt auch für die Familien einschließlich aller Nachkommen.

Neben diesen direkten Angestellten unterhielt ein Kloster zahlreiche, oft weit verstreute »Profit Centers«, das waren Bauernhöfe aller Art. Sie wurden von Bauern in eigener Regie und Verantwortung bewirtschaftet. Diese hatten einen lebenslangen Vertrag mit dem Kloster, der, zumindest ab dem 15. Jh., praktisch immer auf den ältesten Sohn übertragen wurde. Haus, Grund und Boden gehörten zwar dem Kloster, in der Praxis aber fühlten sich die Bauern seit Generationen als unangefochtene Eigentümer.

Die Bauern mussten an das Kloster Abgaben entrichten, und zwar sowohl in Form von Naturalien als auch in Form der Hand- und Spanndienste, also Arbeiten wie Transporte, Feldarbeit oder Straßenbau, deren Umfang allerdings bis ins Letzte festgelegt war. Natürlich klagten die Bauern über diese Lasten, aber alle Versuche einer objektiven Einschätzung haben ergeben, dass unsere heutige Steuerlast sehr viel höher ist als die damaligen Abgaben. Was der Bauer nach Abzug der Abgaben nicht selbst verbrauchte, konnte er zu Tagespreisen verkaufen. Das Bargeld, das er dafür erhielt, brachte er ins Kloster und bekam dafür Zinsen.

Auf Nachwuchsförderung legten die barocken Klosterherren besonderen Wert. Hatte ein Kind in ihrer Herrschaft besondere Begabungen, bildeten sie es entsprechend seiner Fähigkeiten aus. Auf diese Weise erhielten Künstler wie Matthäus Günther eine gründliche Ausbildung als Bildhauer, Maler und Stuckateur. Sogar die Mehrheit der Äbte und Prälaten, aber auch viele der bayerischen Beamten stammten aus ganz einfachen Verhältnissen.

Der Bergwald

Der Bergwald ist für das Leben in den Alpen von existentieller Bedeutung. Im Winter dient er als Lawinenschutz, denn auf einem dicht bewaldeten Hang können keine großen Schneemassen ins Rutschen kommen. Das ganze Jahr über reguliert der Wald den Wasserhaushalt, das ist hier besonders wichtig. Wenn es im Flachland regnet, steht das Wasser eine Weile auf den Wiesen und sickert dann ein. In den Bergen, in denen es überdies sehr viel heftiger regnet, würde sich das Wasser Rinnen graben und mit unvorstellbarer Gewalt ins Tal schießen. Die normalerweise ausgetrockneten Bachbetten am Kramer (Tour 21) lassen ahnen, welche Kräfte hier am Werk sind. Der Bergwald bremst die Niederschläge auf ihrem Weg ins Tal.

Allein die – zusammengenommen – riesige Oberfläche seiner Blätter und Nadeln hält eine Menge Regenwasser zurück und lässt es nach dem Regen verdunsten oder langsam zu Boden rinnen. Vor allem aber wirkt der lockere Waldboden wie ein Schwamm. Er saugt sich mit Wasser voll und gibt es über Wochen verteilt wieder ab. Auch die Erosion verhindert der Wald. Die Wurzeln der Bäume, der Sträucher und noch der kleinsten Pflanzen halten das Erdreich fest, so dass es auch der stärkste Regen nicht wegschwemmen kann. Vor allem an steilen Berghängen ist dieser Schutz unentbehrlich, ohne ihn wären die Berge in kürzester Zeit verkarstet.

Die Wälder in den Alpen sind fast alle bewirtschaftet, die meisten Bäume sind gepflanzt. Nur an völlig unzugänglichen Hängen hat sich ein naturbelassener Wald erhalten. Einzelne abgestorbene Bäume sind im Bergwald völlig normal und kein Alarmzeichen, auch das Leben eines Baums ist begrenzt. Ein abgestorbener Baum kann viele Jahrzehnte stehen bleiben, ehe er endlich umbricht. In dieser Zeit bietet er Höhlenbrütern Unterschlupf und Nahrung. Erst wenn sich tote Bäume häufen, besteht Anlass zur Sorge, dann muss der Waldbesitzer den Ursachen nachgehen.

Hat man früher auf Kahlschlägen systematisch junge Bäume gepflanzt, so setzt man heute stärker auf die natürliche Verjüngung des Waldes. Ein schlagreifer Wald wird nicht mehr in einem Zug abgeholzt, sondern man schlägt in größeren zeitlichen Abständen jeweils etwa ein Drittel des Bestandes. Die stehen gebliebenen Bäume haben Zeit, Samen abzuwerfen, die dann keimen und langsam die älteren Bäume ersetzen. So eine Selbstaussaat ist viel widerstandsfähiger als es gepflanzte Bäume sind, die sich erst langsam an den neuen Standort gewöhnen müssen. Das funktioniert aber nur, wenn der Wildbestand niedrig gehalten wird, was bedauerlicherweise in vielen Revieren nicht der Fall ist. Rehe, Hirsche und auch Gämsen fressen mit Vorliebe junge Triebe von Laubbäumen und Tannen; Fichten hingegen nur, wenn der Hunger groß ist. Das hat zur Folge, dass gerade die Bäume besonders schlecht aufwachsen, die man heute gerne unter die Fichten mischt, um Monokulturen zu vermeiden.

Die viel diskutierten Waldschäden kann man leider allenthalben beobachten, am deutlichsten werden sie an frei stehenden Bäumen sichtbar. Eine gesunde Fichte hat eine geschlossene Krone, durch die man nicht schauen kann. Ist sie geschädigt, verliert sie Nadeln, die Krone wird durchsichtig, schütter. Wenn es ganz schlimm ist, hängen die Seitenzweige wie Lametta senkrecht nach unten.

Am Nordrand der Alpen gedeiht der geschlossene Wald bis etwa 1400 m Höhe. Hier wachsen hauptsächlich Fichten, die man lange Zeit ausschließlich gepflanzt hat; inzwischen findet man in gepflegten Wäldern wieder Buchen, manchmal auch Kiefern, Tannen oder Bergahorne. Im Bereich zwischen 1400 und 1600 m geht der Wald langsam in die Latschenregion über. Hier ist die »Kampfzone«, in der die Bäume buchstäblich ums Überleben kämpfen. Am Kramer (Tour 21), am Hohen Fricken (Tour 23) oder am Wank (Tour 22) können wir sie gut beobachten. Die Bäume müssen sich gegen Sturm, Schnee, Lawinen und inzwischen oft auch gegen Skifahrer behaupten. Aus mächtigen, stolzen Fichten werden schlanke, schmale Bäume, die dem Wind wenig Angriffsfläche bieten, in noch höheren Lagen werden sie vom Schnee klein, krumm und bucklig gedrückt. Von 1500 bis etwa 1900 m kann sich nur noch die Latschenkiefer behaupten. Ihre weit verzweigten, ins karge Erdreich gekrallten Wurzeln und die geduckte Form machen sie zu einem Überlebenskünstler, dem höchstens der Mensch den Garaus machen kann.

Von der Almhütte zum Berggasthof

»Auf der Alm, da gibt's koa Sünd ...«, heißt es in gewissen Romanen und Erzählungen, und ein Körnchen Wahrheit steckt schon in diesem Satz. Der Aufenthalt auf der Alm war früher vor allem bei jungen Leuten sehr begehrt, brachte er doch für drei bis vier Monate eine Freiheit, die im Tal unter der strengen Herrschaft des Bauern undenkbar war. Im Vordergrund stand dabei gar nicht so sehr die Begegnung mit dem anderen Geschlecht (wenn das auch nicht ausgeschlossen werden kann), sondern vielmehr die Möglichkeit, sich den Tag so einzuteilen, wie es das Vieh und die eigene Überlegung erlaubten.

Die Almwirtschaft ist für die Bauern der gesamten Alpenregion eine lebensnotwendige Einrichtung, die schon weit vor der Zeitenwende bekannt war. Jeder Bauer benötigt eine bestimmte Anzahl Rinder, um sich das Auskommen zu sichern. Doch die Tiere brauchen natürlich auch Futter. In der fruchtbaren Lößebene, wo das Gras dicht und fett auf den Wiesen steht, ist das kein Problem. Ein Bergbauer, der nur steinige Talböden besitzt, bräuchte für seine Herde viel größere Weideflächen, für die aber in den engen Alpentälern nicht genügend Platz ist. Also treibt er seine Kühe in den Sommermonaten auf eine Bergweide, eine Alm. Das Gras, das währenddessen auf den Talwiesen wächst, wird als Winterfutter verwendet.

Im späten Frühjahr kommt das Vieh zunächst auf die Niederalm, die auch Niederleger genannt wird. Sie liegt in Höhen unter 1000 m und ist meist vom Hof aus noch gut zu erreichen. Damit erübrigt sich eine eigene Almhütte. Wenn diese Wiesen abgeweidet sind, wird die Herde auf die eigentliche Alm, den Mittelleger, getrieben. Der liegt in einer Höhe zwischen 1000 und 1400 m. Eine feste Almhütte dient dem Senner als Wohnung, ein Stall dem Vieh als Unterstand. Im Hochsommer treibt der Senner seine Tiere für ein oder zwei Wochen auf die Hochalm. Das sind die Wiesen an und über der Baumgrenze.

Heute ist fast niemand mehr bereit, einen Sommer auf der Alm zu leben und die harte Arbeit der Betreuung des Viehs, vor allem der Milchkühe, auf sich zu nehmen. Viele Almbauern sind deshalb dazu übergegangen, ihre Alm nur noch mit Jungvieh zu bestoßen, das noch nicht gemolken werden muss. Meist nehmen sie zusätzlich zu den eigenen Tieren Pensionsvieh aus der weiten Umgebung auf. Ein guter Zaun hindert die Tiere am Ausbrechen, und so genügt es, einmal am Tag nach den Rechten zu sehen. Dazu ist aber eine Almstraße zwingend nötig, denn wenn allein für den Hin- und Rückweg viele Stunden verloren gingen, würde sich die Alm nicht lohnen.

Für die Tiere wirkt sich ein Almsommer wie ein Erholungsaufenthalt aus. Die frische Luft und die Vielfalt der nahrhaften Kräuter und Gräser auf den Almwiesen machen über den Sommer aus Kälbchen kräftige, durch und durch gesunde Kühe. Die Türen der Almhütten bleiben den Wanderern nun freilich verschlossen, keine Milch, kein Butterbrot verlocken zur Rast. Aber die Alm wird wenigstens erhalten. Verzichtet der Bauer hingegen ganz auf die Almwirtschaft, wachsen die Wiesen in wenigen Jahren mit Büschen, Bäumen und mit allerlei Unkraut zu und sind unwiederbringlich verloren.

Es gibt aber auch eine andere Entwicklung: Wo viele Wanderer unterwegs sind, bringt der Senner vielleicht Bier und Erfrischungsgetränke auf die Alm und verkauft dazu die frisch gemolkene Milch. Kommen noch mehr Besucher (und erlaubt es die Aufsichtsbehörde), dann wird, wie etwa auf der Stepbergalm (Tour 21) ein Raum zur Küche umgestaltet, ein anderer zur Wirtsstube. Ein paar Bänke im Freien locken die Gäste an. Natürlich gibt es immer noch Kühe, denn die durstigen Wanderer zahlen für einen Liter Milch viel mehr als die Molkerei. Schließlich werden auch die Kühe abgeschafft, die Wirtsstube wird in den nun unnütz gewordenen Stall hinein vergrößert, und es entsteht ein Berggasthof, der aber immer noch »Alm« heißt. Ein paar Jahre später genügt auch das nicht mehr. Die alte Alm wird abgerissen, ein modernes Gasthaus wird gebaut, das übers Jahr hin ständig geöffnet hat, wie z. B. die Hochalm am Kreuzeck (Tour 25). Auf den nur karg begrünten Skipisten könnte ohnehin keine Kuh den Sommer über satt werden.

So wenig wünschenswert diese Entwicklung vielleicht ist – den Bergbauern verschafft sie oft die einzige Möglichkeit, sich unabhängig von Subventionen ein angemessenes Einkommen zu erwirtschaften.

Tour 1

Stille Wege um Starnberg

Von Starnberg über Pöcking in die Maisinger Schlucht

Schon wenige Minuten von der belebten Uferpromenade und dem Stadtzentrum entfernt wird es in Starnberg still, ruhige Wege führen durch lichte Laubwälder und über grüne Moränenhügel in die Schlucht, die der Maisinger Bach nach der Eiszeit gegraben hat.

DIE WANDERUNG IN KÜRZE

+
Anspruch

4.30 Std.
Gehzeit

13 km
Länge

Charakter: einfache Ganztageswanderung auf Straßen, Feld- und Wanderwegen, teilweise im Schatten, mit Kinderwagen möglich

Wanderkarte: Umgebungskarte 1:50 000 Ammersee–Starnberger See

Einkehrmöglichkeiten: in allen Orten am Weg

Anfahrt: Starnberg liegt an der **S-Bahn**linie S6 München–Tutzing und an der **Bahn**strecke München–Kochel. **Bus**anbindung besteht von allen größeren Orten der Umgebung. Der Wanderweg führt am Bahnhof vorbei. Mit dem **Auto** über die A 95 München–Garmisch und die Starnberger Autobahn A 952 bis Starnberg, kurz nach dem Ortsschild Starnberg links Parkmöglichkeit am neuen Landratsamt. Die Plätze vorne am See haben keine Zeitbegrenzung. Wenn alles belegt, rechts der Hauptstraße suchen.

Baden: an den Badeplätzen in Starnberg

Unsere Wanderung beginnt am **Landratsamt von Starnberg.** Wir gehen Richtung See zum **Nepomukweg,** wenden uns nach rechts und wandern am Yachtclub vorbei bis zur Bahnlinie. Hier werden wir später zurückkommen. Vor der Fußgängerunterführung biegen wir links zum See hin ab und gehen auf der Seepromenade zwischen Bahngleisen und See entlang am **Bahnhof** vorbei. Die vielen Hütten am Seeufer zeigen, dass auch im Ausflugsort Starnberg das gewerbliche Fischen noch immer Bedeutung hat, wenngleich die Fischer inzwischen einen we-

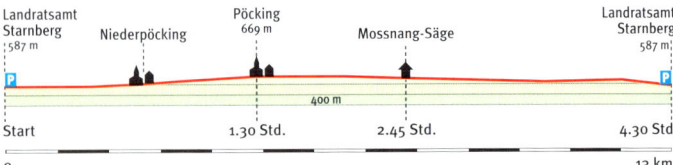

Landratsamt Starnberg 587 m | Niederpöcking | Pöcking 669 m | Mossnang-Säge | Landratsamt Starnberg 587 m

Start | 1.30 Std. | 2.45 Std. | 4.30 Std.

400 m

0 | 13 km

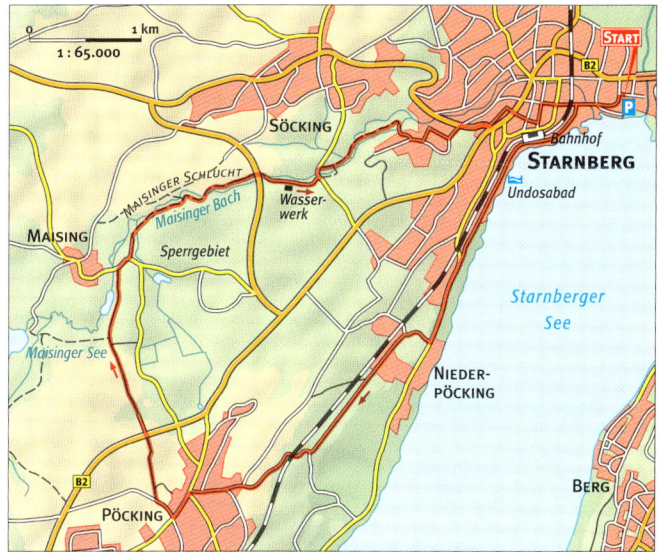

sentlichen Teil ihrer Einnahmen durch Bootsvermietung erzielen. Das **Undosabad** (30 Min.) wurde schon 1905 eröffnet, es war das erste Bad der Welt, in dem künstliche Wellen erzeugt wurden. Heute ist es eine Kombination von Schwimmbad und Gaststätten für alle Ansprüche. Der Löwe am Ende des breiten Parks war die Heckfigur des Seedampfers »Bavaria«, der von 1878 bis 1912 seinen Dienst tat.

Hier wenden wir uns vom See ab und wandern auf dem **Unteren Seeweg** zwischen herrlichen alten Villen und der Bahnlinie entlang. Die alten Häuser wurden um die Jahrhundertwende gebaut. Die Grundstücke kaufte man damals noch nach »Tagwerk«, die Größe des Grundes hing nicht vom Preis ab, sondern von der Frage, ob man sich einen oder mehrere Gärtner leisten konnte.

Wir gehen an der Bahnunterführung vorbei in die **Possenhofener Straße.** Die Häuser zwischen See

und der Straße sind inzwischen etwas bescheidener geworden. Am Ortsschild **Niederpöcking** (45 Min.) biegen wir rechts in den **Oberen Seeweg** ein und steigen langsam bergauf. Kurz vor der Bahngleisen biegen wir links in den Moritz-von-Schwind-Weg ein (Sackgasse). An seinem Ende (1 Std.) geht es parallel zur Bahntrasse schnurgerade in den Wald. Etwa 10 Min. wandern wir unter schattigen Fichten und Buchen, bis sich der Weg gabelt. Wir wählen den rechten Weg, überqueren die Gleise und gehen unmittelbar nach dem Bahnübergang links weiter. Durch einen langen Hohlweg erreichen wir die Häuser von **Pöcking** (1.30 Std.). Zwischen dem ersten Haus und seiner Garage hindurch kommen wir auf der Alten Bahnhofstraße geradeaus zur Hauptstraße. Auf ihr wandern wir ein paar hundert Meter nach links und biegen rechts in den Ascheringer Weg ein (links steht ein Straßenwegweiser »Felda-

fing«). Vor dem letzten Haus, ca. 50 m vor dem Ortsendeschild, schickt uns ein Wegweiser nach rechts Richtung Maising. Am Ortsende biegen wir zwischen einer Scheune und einer Linde in einen für Kfz gesperrten Feldweg und wandern auf ihm über die Wiesen. In einer Unterführung queren wir die B 2 (2 Std.), die von Starnberg nach Weilheim führt, dann taucht vor uns **Maising** mit seiner kleinen Bartholomäuskirche auf. Vorbei an der Abzweigung zum Maisinger See wandern wir am aufge-

stauten Maisinger Bach entlang, durch die Mossnang-Säge geht es zur Fahrstraße (2.45 Std.).

Dort wenden wir uns nach rechts, doch schon nach ca. 500 m biegen wir links in den Schluchtweg ein. Nach weiteren 100 m beginnt auf der rechten Seite ein schmaler Weg in die **Maisinger Schlucht** (Wegweiser). Die Warntafeln des militärischen Sperrbezirks brauchen uns nicht zu kümmern, die Soldaten üben weitab von dieser Grenze. Der Maisinger Bach hat sich hier tief in das Kon-

Blick auf Maising

genden Gemeinden, das schon 1896 erbaut wurde. Unmittelbar nach dem Zaun des Wasserwerks geht es rechts auf einem Wiesenweg wieder an den Maisinger Bach, dem wir weiter folgen. Wir kommen an ein altes **Mühlenwehr** (3.30 Std.) und wandern auf der Dammkrone des ausgetrockneten Mühlgrabens zu den Häusern von Starnberg.

Beim ersten Haus steigen wir rechts über die Treppen zur Ringstraße hinauf, wenden uns nach links und wandern auf der Ottostraße an einer schönen alten Schule vorbei bergab zur Söckinger Straße (4 Std.), auf der wir nach rechts bis zum **Gasthof Starnberger Alm** stadteinwärts gehen. Hier biegen wir links ab und erreichen die alte Pfarrkirche St. Josef und den ehemaligen Schlossgarten, der heute zu wechselnden Kunstausstellungen genutzt wird. Er liegt genau zwischen der Kirche und dem alten Wittelsbacher Schloss, das inzwischen Ämter beherbergt. Zwischen Schloss und Garten führt rechts ein Fußweg zu einem kleinen Platz, an dem meist viele Autos abgestellt sind. Hier wenden wir uns nach links. Schon nach ca. 100 m führt uns der Feodor-Lynen-Steig, der nach dem Münchner Biochemiker und Nobelpreisträger benannt ist, direkt auf die **Neue Pfarrkirche St. Maria** zu. Nach dem Sparkassengebäude gehen die Bahnfahrer auf der Wittelsbacher Straße rechts zum Bahnhof, die Autofahrer links zur Ludwigstraße. Rechts führt sie zu der Bahnunterführung, an der wir am Morgen in Richtung See hin abgebogen sind, von hier sind wir in ein paar Minuten am Parkplatz beim **Landratsamt** (4.30 Std.).

glomeratgestein eingegraben und ein Tal ausgewaschen, das an manchen Stellen so eng wie eine Schlucht ist. Für Kinder gibt es hier viele Plätze zum ungefährlichen Spiel. Nach einer halben Stunde wandern wir unter der hohen Brücke der Andechser Straße durch, dann öffnet sich eine lang gestreckte Wiese, in der Trinkwasserbrunnen eingezäunt sind. Wir erreichen die Mozartstraße, biegen links ab und gehen zu den Häusern des kürzlich renovierten Wasserwerks der umlie-

2

Tour

Blick auf Watzmann und Grünten

Von Tutzing auf die Ilkahöhe

Die Ilkahöhe ist nach der Schwester des letzten Hofmarkherren von Tutzing, Graf Vieregg, benannt. Ilka liebte diesen Hügel so sehr, dass sie sich auf ihm zur letzten Ruhe betten ließ. Wer einmal an einem herbstlichen Föhntag hier oben stand, kann das nachempfinden.

DIE WANDERUNG IN KÜRZE

+
Anspruch

Charakter: leichte Halbtageswanderung über Straßen und Wanderwege, mit Kinderwagen möglich

2.45 Std.
Gehzeit

Wanderkarte: Umgebungskarte 1:50 000 Ammersee–Starnberger See

9 km
Länge

Einkehrmöglichkeit: Forsthaus Ilkahöhe

Anfahrt: Tutzing ist Endstation der **S-Bahn** S 6 von München und liegt an der **Bahn**linie München–Kochel. Mit dem **Auto** über die Autobahn A 95 München–Garmisch und die Starnberger Autobahn A 952 nach Starnberg und weiter Richtung Tutzing. Dort in die Bahnhofstraße, Parkmöglichkeit am Bahnhof auf beiden Seiten der Gleise.

Unsere Wanderung beginnt am **Bahnhof von Tutzing.** Auf der Heinrich-Vogl-Straße gehen wir unter den Bahngleisen durch und wandern westlich der Bahn entlang. Am Neuen Friedhof vorbei, kommen wir zur Traubinger Straße, in die wir links einbiegen. Die Straße windet sich langsam aufwärts, schöne Villen aus der Jahrhundertwende stehen in riesigen Parks. Ab dem Ortsende ist die Straße für den öffentlichen Verkehr gesperrt, zusätzlich hält noch ein Sackstraßenschild Autos ab. Wir wandern also ungestört auf der Straße weiter, gehen an einem großen Reiterhof vorbei und kommen in weitem Linksbogen zum Kindergarten von Tutzing. Etwa 100 m danach ist die Teerstraße zu Ende (30 Min.), wir biegen links ab (Schild Deixlfurter See, Ilkahöhe) und wandern durch den Wald zu den Seen beim **Gut Deixlfurt.** Es sind Toteisseen aus der Eiszeit, an die man Fischteiche angefügt hat. Hier frö-

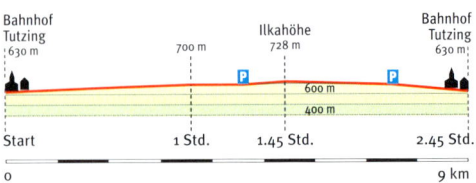

Bahnhof Tutzing 630 m		700 m	Ilkahöhe 728 m	600 m		Bahnhof Tutzing 630 m
				400 m		
Start		1 Std.	1.45 Std.			2.45 Std.

0   9 km

nen Sportfischer ihrem Hobby. An der ersten und zweiten Abzweigung gehen wir noch geradeaus bzw. leicht links, halten uns also immer auf dem breiten Weg, bis wir zu der Teerstraße kommen (1 Std.), die von Tutzing nach Obertraubing führt. In sie biegen wir rechts ein, verlassen sie aber schon nach ca. 100 m bei der Bavariastraße, die links abzweigt. An ein paar Häusern vorbei geht es wieder in den Wald, wir queren einen Trimmpfad und erreichen einen Wanderparkplatz (1.15 Std.). Hier beginnt der Trimmpfad, von hier aus werden wir nach Tutzing zurückwandern.

Auf der Teerstraße hinter dem Parkplatz gehen wir kurz nach rechts und biegen dann nach etwa 200 m links in den Wanderweg ein, der über den lang gezogenen Rücken der **Ilkahöhe** führt. Auf der linken Seite gewinnt man langsam einen Blick über den Starnberger See, unter uns verläuft, etwa parallel zu unserem Weg, eine alte Allee, die wir später noch erreichen. Rechts hat man einen breiten Wiesenstreifen wieder aufgeforstet, den Jungwald darf man natürlich nicht betreten. Man würde zu viele Jungpflanzen zerstören und überdies die Tiere, die hier Unterschlupf finden, vertreiben. Der Weg zieht sich ganz langsam ansteigend über den Höhenrücken, am höchsten Punkt (1.45 Std.) bietet er eine grandiose Aussicht über den Starnberger See. Schon mit freiem Auge, besser aber mit dem Fernglas kann man die vielen Schlösser und Prunkvillen am Ostufer entdecken, bei Föhn reicht der Panoramablick von den Berchtesgadener Alpen über das Wettersteingebirge bis zum Grünten.

Wir wandern weiter, zunächst an einem Jungwald vorbei, und kommen in einen Hain von alten Buchen, die im Kreis um einen freien Platz stehen. Unser Weg führt in spitzem Winkel nach links zurück durch einen Bestand alter Kastanien den Hügel hinunter zu einer Straßengabelung. Hier wenden wir uns nochmals nach links und folgen dem Weg »Forsthaus Ilkahöhe«. Wir wandern ein Stück am Fuß der Ilkahöhe zurück, bei einem Bauernhaus, das in einem großen, eingezäunten Grundstück steht, biegen wir rechts in die Teerstraße ein, die uns schnell zum Gasthaus führt. Das **Forsthaus Ilkahöhe** ist ein Gasthaus der gehobenen Klasse, doch im Biergarten gibt es normale Preise (Selbstbedienung).

Vor dem Rückweg werfen wir noch einen Blick in das kleine Kirchlein von **Oberzeismering** oberhalb des alten Forsthauses, dann gehen wir auf der Teerstraße zurück, auf der wir gekommen sind, und biegen an ihrem Ende rechts in die schöne Lindenallee ein, die wir schon von der

Blick von der Ilkahöhe über den See

Ilkahöhe aus gesehen haben. Wir kommen zum **Wanderparkplatz** (2.15 Std.) und biegen rechts in den Trimmpfad ein, der unseren Weg aber bald wieder verlässt. Wir erreichen den Waldrand, überqueren die Wiesen von Gut Martelshof und wandern auf einem schattigen, von Linden gesäumten Weg bis zur Ortsgrenze von **Tutzing.** Über die Straße Am Höhenberg geht es weiter bergab, am Ende der großen Linkskurve (beim Haus Nr. 15) führt ein kleiner, etwas zugewachsener Fußpfad direkt zum **Tutzinger Bahnhof** (2.45 Std.).

Quellen im Grund des Sees

Um den Ostersee

Die Osterseenplatte steht unter Naturschutz, sie ist ein einzigartiges Ensemble aus Toteisseen und halb verlandeten Mooren. Dennoch kann man auf bezeichneten Wanderwegen um den See wandern und dabei vielleicht einen Fischreiher beobachten.

DIE WANDERUNG IN KÜRZE

Anspruch: +

Gehzeit: 4 Std.

Länge: 13 km

Charakter: bequeme Halbtageswanderung, Wanderwege, Feld- und Forststraßen, mit Kinderwagen möglich

Wanderkarte: Umgebungskarte 1:50 000 Bad Tölz–Lenggries

Einkehrmöglichkeiten: Gasthäuser in Iffeldorf

Anfahrt: Der **Bus** 9655 Weilheim-Penzberg hält ebenso wie die **Bahn** München–Tutzing–Kochel in Iffeldorf an der Staltacher Straße, Bahn- oder Busfahrer beginnen die Wanderung hier und gehen zuerst zur Heuwinkelkapelle. Mit dem **Auto** auf der Autobahn A 95 München–Garmisch Ausfahrt Penzberg, dort rechts und dann gleich wieder links nach Iffeldorf. Kurz nach dem Ortsschild bei der Sparkasse links in spitzem Winkel die Heuwinkelstraße zur Heuwinklkapelle. Großer Parkplatz hinter der Kirche.

Baden: nur an den gekennzeichneten Stellen des Ostersees

Ausgangspunkt unserer Wanderung ist die **Heuwinklkapelle** am östlichen Ortsrand von **Iffeldorf.** Durch die alte Kastanienallee gehen wir auf das Dorf zu. Am Ende der Allee passieren wir beim Friedhof ein Sühnekreuz aus Tuffstein und wandern zuerst durch eine Neubausiedlung und dann durch den alten Ortskern zur **Dorfkirche St. Vitus.** Die Kirche ist nicht groß, ihr Inneres ist jedoch, wie in vielen bayerischen Kirchen, ungewöhnlich reich verziert. Rocaillestuck von Franz Xaver Schmuzer und Fresken von Johann Jakob Zeiller, die das Martyrium des Kirchenpatrons zeigen, geben der Kirche ein luftigleichtes Gesicht.

Neben der Kirche, am Vitusbrunnen vorbei, erreichen wir über einen Fußweg den großen **Badeparkplatz** unterhalb des Hügels. Wir gehen an zwei Stadeln vorbei, an der ersten Abzweigung geradeaus weiter und überqueren auf einer Brücke einen kleinen Bach. Das dichte Schilf am Weg zeigt, wie feucht der Untergrund ist. Vor allem nach Regentagen muss man immer wieder kleine Rinnsale überqueren. Einer Teerstraße, auf die wir kurz danach treffen, folgen wir nach rechts. Nach ca.

*Der Ostersee ist
ein typischer
Toteissee*

50 m biegt rechts ein Wanderweg zum Ostersee ab. Ein Abstecher zum See, nur gut 100 m, bringt uns zur **Blauen Gumpe** (45 Min.). Dort lässt uns ein Steg in den tiefen Quelltrichter im Seegrund schauen, aus dem Grundwasser bester Qualität austritt. Wenn es windstill ist, sieht man deutlich die stete Strömung des emporquellenden Wassers. Ihren Namen hat die Quelle von der bläulichen Färbung des klaren Wassers bekommen, das sich von dem moorbraunen Seewasser deutlich unterscheidet. Solche Quellen gibt es überall in diesen Seen. Ihr kühles, sauerstoffhaltiges Wasser trägt wesentlich zum Erhalt ihres ökologischen Gleichgewichts bei.

Wir gehen zur Abzweigung zurück und wandern weiter Richtung Lauterbach (bezeichnet). Autos stören hier kaum, die Straße ist nur für Anlieger freigegeben. Vor dem **Gut Schwaig** nehmen wir rechts den »Lauterbacher Seeweg« und gehen, jetzt wieder auf ungeteerter Straße, zuerst durch den Wald und dann im Linksbogen um Weidewiesen. Hier bietet sich ein schöner Blick auf den See mit seinen Inseln und Buchten. Die private Herzklinik Lauterbacher Mühle lassen wir auf der rechten Seite liegen und treffen beim **Klinikparkplatz** auf eine Teerstraße, in die wir rechts einbiegen (1.45 Std.).

Links von der Straße wachsen alte Eichen und Buchen, rechts öffnet sich der Blick erneut zum See, der mit seinem breiten Schilfgürtel und den vielen kleinen Buchten zu einem Brutgebiet für viele Vögel geworden ist. Dass man diese Zone, sie ist Naturschutzgebiet, auf keinen Fall betritt, ist selbstverständlich. Nach ca. 10 Min. erreichen wir einen kleinen Rastplatz, hier biegen wir von der Straße rechts ab und wandern auf einem Fußweg bis zum **Bahndamm** der Strecke Tutzing–Penzberg (2.15 Std.). Der Weg neben der Bahn führt zuerst durch den Wald, dann wendet er sich wieder dem See zu. Dort, wo sich der Wald öffnet, tauchen im Hintergrund Blomberg, Zwiesel und Benediktenwand auf. Ein wenig haben

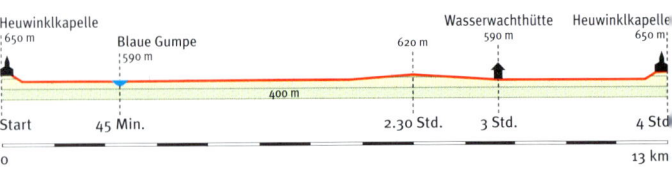

wir inzwischen an Höhe gewonnen, so sehen wir den Ostersee mit seinen Buchten und Inseln unter uns glänzen.

Bei einer Orientierungstafel gehen wir geradeaus weiter. Wo rechts des Weges der Wald beginnt (2.30 Std.), führt ein kleines, fast zugewachsenes Weglein hinunter zum See. Kurz vor dem Ufer weist uns ein Schild »Rundweg Ostersee« nach links. Jetzt geht es immer am Seeufer entlang. An der Abzweigung zum Fohnsee vorbei, erreichen wir eine **Wasserwachthütte** (3 Std.). Dieses Uferstück ist ideal für eine Badepause. Hier stoßen mehrere Wege zusammen, wir folgen dem Wegweiser »Staltach Seeshaupt«. Dieser Weg führt, von unserer alten Wanderrichtung aus gesehen, in spitzem Winkel zurück. Nach einer guten Viertelstunde wandern wir an der Wegkreuzung geradeaus und dann weiter bis zum Bahngleis. Wir folgen ihm rechts, passieren einen großen Gutshof und auf der linken Seite ein kleines Gewerbegebiet und stoßen auf die **Staltacher Straße** (3.45 Std.). Nach rechts wandern wir ins Wohngebiet bis zu einer Metzgerei auf der linken Straßenseite. Hier gehen wir links in die Alpenstraße und nach ca. 150 Metern rechts in die Faltergatterstraße. Bei der Linkskurve führt uns rechts ein Feldweg über die Wiesen zur Hauptstraße. Wir überqueren sie und wandern auf dem Fußweg ein kurzes Stück nach links, bis uns ein Fußgängerschild geradeaus auf den Hügel zur **Heuwinklkapelle** zurückführt (4 Std.)

Zum heiligen Berg Bayerns

Von Herrsching nach Andechs

Hoch über dem Ammersee steht die barocke Wallfahrtskirche, immer noch Ziel vieler Pilger, gleich daneben lockt das berühmte Bräustüberl wahre Besucherscharen zu weltlichen Genüssen. Beides gehört nach altbayerischer Tradition untrennbar zusammen.

DIE WANDERUNG IN KÜRZE

+

Anspruch

Charakter: einfache Ganztageswanderung mit viel Schatten auf guten Wegen, mit Kinderwagen möglich

4 Std.

Gehzeit

Wanderkarte: Umgebungskarte 1:50 000 Ammersee–Starnberger See

13 km

Länge

Einkehrmöglichkeiten: Andechs, Bräustüberl und Gasthäuser

Anfahrt: Herrsching ist Endstation der **S-Bahn** S 5 von München, am Bahnhof halten auch die **Buslinien** 951 und 956 von Starnberg, 952 von Argelsried und 953 von Weilheim. Über die Straße Landungssteg und durch die Seestraße erreicht man in 5 Min. die Schiffsanlegestelle. Wer sich durch die Kraft des Andechser Bergbocks urplötzlich im Wandern behindert fühlt, kann mit der privaten **Buslinie Rauner** nach Herrsching zurückfahren. Mit dem **Auto** Autobahn A 95 München–Garmisch auf der Stichautobahn A 952 nach Starnberg und über die Landstraße nach Andechs und Herrsching oder von der Autobahn A 96 München–Lindau Ausfahrt Inning über Breitbrunn nach Herrsching. Parkplätze am Bahnhof und an den nördlichen und südlichen Ortseingängen. Am Seeufer entlang kommt man zum Ausgangspunkt der Wanderung.

Baden: im Ammersee an den freien Uferstellen

Ausgangspunkt unserer Wanderung ist der **Schiffsanlegesteg von Herrsching.** Wir wandern unmittelbar am Ufer entlang Richtung Süden. Von dem noch recht unverbauten Westufer des Ammersees schaut das alte Augustinerchorherrenstift Dießen zu uns herüber. Vor der Pizzeria Da Mario müssen wir den Uferweg verlassen und ein Stück am Rande der Straße wandern. Das schadet auch nicht, denn so sehen wir das Schloss Mühlfeld von seiner Schokoladenseite.

Ein paar Meter hinter dem Schloss führt rechts ein Weg wieder ans Seeufer zurück. Dort wenden wir uns nach links und wandern zwischen prächtigen Villen auf riesigen Grundstücken und dem schilfbewachse-

nen Seeufer weiter. Kurz nach dem Café Wartaweil finden wir links eine (erneuerte) Steinsäule, die, wie man sich erzählt, dem Gebiet den etwas seltsam klingenden Namen »Wartaweil« gegeben hat. Sie steht direkt auf der Linie zwischen den beiden Klöstern Andechs und Dießen und war die Peilmarke für den Fährmann, der die Pilger von einem Kloster zum anderen brachte. War das Boot voll und drängten sich immer noch Wallfahrer am Seeufer, so rief der Fährmann »Wart a Weil«, und man musste sich, ob man wollte oder nicht, gedulden. Weil das wohl an der Regel war, erhielt der ganze Ort diesen Namen.

Wir wandern am Seeufer noch etwa 10 Min. bis zum **Naherholungs-**

gebiet **Wartaweil** weiter. Dort folgen wir dem Wegweiser zum Parkplatz, gehen in einem Tunnel unter der Straße Herrsching–Weilheim durch und stehen dann auf dem Parkplatz für Badegäste (1.15 Std.). Wir wenden uns nach links und finden nach gut 100 m eine breite Forststraße, die schräg rechts vom Parkplatz wegführt. Sie ist als einzige mit einer Schranke gesperrt. Auf dieser Straße wandern wir bergauf. Sie schlängelt sich in mehr oder weniger engen Kurven durch den Wald, links und rechts führen immer wieder Stichstraßen zu Holzplätzen. Wenn Sie immer am breitesten Weg bleiben, so können Sie die Richtung nicht verfehlen.

Wir passieren ein Quellschutzgebiet und erreichen die **Landstraße Andechs–Herrsching** (2.30Std.). Auf der anderen Straßenseite führt wieder eine Forststraße in den Wald. Auf ihr gehen wir weiter, doch jetzt heißt es aufpassen: Die Straße steigt zuerst leicht an und wird etwa 50 m (10 Min.) nach dem Ende der Steigung von einem ziemlich schlechten Weg gekreuzt. Diesen Weg gehen wir nach rechts hinauf bis zum ersten Haus von **Erling.** Hier findet sich endlich ein Wegweiser zum Kloster Andechs. Wir lassen das Haus rechts liegen, wandern am Zaun entlang auf die Anhöhe und wenden uns dort nach links. Das Kloster steht uns jetzt direkt gegenüber, nur das Kienbachtal trennt uns noch vom heiligen Berg. Am Ende des Weges

gehen wir nach rechts auf die Häuser von Erling zu, wenden uns nochmals nach rechts und biegen dann links in den Wartaweiler Weg ein. Über Treppen kommen wir zum Kienbach, an ihm entlang werden wir später zurückwandern.

Auf dem Steg der schon lange stillgelegten Klostermühle überqueren wir den Bach und steigen links die Treppen zum Kloster hinauf. Es zweigen viele Wege links und rechts ab, doch wenn wir immer bergauf gehen, stehen wir schnell oben vor der **Andechser Kirche** (2.45 Std.). Jetzt bietet sich ein Besuch in der berühmten Wallfahrtskirche an, ehe wir uns im nicht minder bekannten Bräustüberl ein Mittagessen oder die Brotzeit schmecken lassen.

Zurück nach Herrsching wandern wir durch das **Kiental.** Das war und ist der Standardweg der Münchner von Herrsching her. Entsprechend zahlreich sind auch die Wege, die vom Kloster ins Tal hinabführen. Am einfachsten geht man vom Klosterladen aus am bunten Kiosk des Holzbrandmalers vorbei im Uhrzeigersinn um den Berg. Unser Weg führt an der Klostermauer entlang, links fällt der Hang steil zum Kiental ab. Die Warntafeln des Forstamtes, den Weg nicht zu verlassen, sollte man ernst nehmen. Die Zahl der Abgestürzten spricht eine deutliche Sprache (dass dabei der berühmte Andechser Bergbock eine ganz wesentliche Rolle gespielt hat, sei nicht verschwiegen).

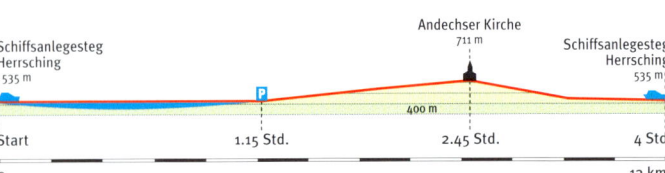

In einem kleinen Mauergeviert liegt der Privatfriedhof der Wittelsbacher, in dem die Mitglieder der Königslinie begraben werden (nicht öffentlich zugänglich). Am Ende der Klostermauer geht es noch etwa 100 m an der Hangkante entlang, dann steigen wir links über Treppen zu dem breiten Weg nach Herrsching ab. Wir erreichen die ersten Häuser von **Herrsching** (3.15 Std.) und wandern durch die Kientalstraße bis zur belebten Luitpoldstraße. Wir biegen links ab, bei der Pfarrkirche St. Nikolaus kommen wir in die Bahnhofstraße und zum Bahnhof. Von hier geht es links und dann gleich wieder rechts zur **Schiffsanlegestelle Herrsching** zurück (4 Std.).

Wallfahrtsort für Pilger und Zecher

Andechs ist ein weit über Bayern hinaus bekannter Anziehungspunkt für Touristen und Einheimische. Der Grund für diesen Ruhm ist das Bier der Benediktiner, das im Biergarten und im Bräustüberl reichlich fließt. Dass sich trotz des gewaltigen Andrangs auch eine vielköpfige Familie diesen Genuss noch leisten kann, ist ein Verdienst der Mönche, das nicht unerwähnt bleiben soll. Andechs ist nämlich in erster Linie ein Kloster, das schon seit über 500 Jahren besteht. Seine Geschichte aber reicht bis 1100 zurück, denn vorher war Andechs eine Burg. Als die Wittelsbacher die wertvollen Reliquien fanden, die die ersten Herren von Andechs-Meranien vor ihrer Flucht versteckt hatten, begann der Aufstieg der Burg zum Pilgerziel. Das Benediktinerkloster gründete Herzog Albrecht III., der in erster Ehe mit Agnes Bernauer verheiratet war.

Sein Vater Ernst hatte schon 1420–25 die Wallfahrtskirche erbauen lassen, die immer noch Wahrzeichen des Heiligen Berges ist.

Im Barock wurde die Kirche neu ausgestaltet, der gotische Raum blieb jedoch erhalten. Natürlich haben die Wittelsbacher ihrem Kloster besondere Pflege angedeihen lassen. Praktisch alle bedeutenden Künstler des späten 17. und des 18. Jh. trugen zur Umgestaltung und Ausstattung des Raums bei. Wenn wir heute unter der Empore stehen und zum Doppelaltar schauen, öffnet sich ein Raum, der in seiner Pracht den Glanz des Himmels widerspiegelt und zugleich den Gläubigen Schutz und Geborgenheit gibt. Die vielen Beter, die trotz allen Rummels still in den Kirchenbänken knien, beweisen das täglich.

Andechs

Tour 5

Am Westufer des Ammersees

Vom Dießener Himmel zur Dießener Burg

Hoch über dem Ammersee führt ein Weg durch schattige Wälder an den Ort, an dem einst die Stammburg der Grafen von Dießen-Andechs stand, eines mächtigen Geschlechts, dessen Herrschaftsgebiet sich bis ins heutige Kroatien erstreckte.

DIE WANDERUNG IN KÜRZE

++
Anspruch

5.30 Std.
Gehzeit

18 km
Länge

Charakter: einfache, aber lange Ganztageswanderung auf teilweise geteerten Straßen und guten Wegen, teilweise im Schatten, mit Kinderwagen möglich; kann auf halber Strecke abgekürzt werden

Wanderkarte: Umgebungskarte 1:50 000 Ammersee–Starnberger See

Einkehrmöglichkeiten: Gasthaus Schatzbergalm, geöffnet Samstag und Sonntag von 10–24 Uhr, bei Biergartenwetter ist der Garten mit Selbstbedienung zusätzlich am Mittwoch, Donnerstag und Freitag ab 12 Uhr geöffnet, Gasthäuser in Dießen.

Anfahrt: Dießen liegt an der **Bahn**linie Augsburg–Weilheim. Bahnreisende

beginnen die Wanderung am Bootssteg von Dießen. Der **Bus** Nr. 13 von Landsberg hält am Klosterhof bei der Stiftskirche, ebenso die Buslinie 23 Dießen–München und 912 Apfeldorf–Dießen. Mit dem **PKW** über die Autobahn A 96 bzw. die B 12 München–Lindau Ausfahrt Eching und über Schondorf–Utting nach Dießen. Von der B 2 Garmisch–Starnberg in Unterhirschberg nach Pähl abbiegen und über Raisting nach Dießen. Beim Rathaus links in die Herrenstraße und zur Stiftskirche (Wegweiser). Der südlichste Parkplatz hat keine Zeitbeschränkung.

Baden: Badeplätze am Ammersee

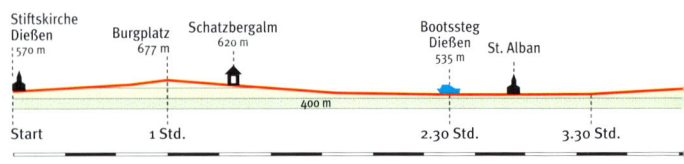

Stiftskirche Dießen 570 m — Burgplatz 677 m — Schatzbergalm 620 m — 400 m — Bootssteg Dießen 535 m — St. Alban

Start — 1 Std. — 2.30 Std. — 3.30 Std.

0

Unsere Wanderung beginnt am Platz vor der ehemaligen **Stiftskirche von Dießen.** Auf der Klosterhofstraße gehen wir, von der Kirche aus gesehen, nach links zur Haltestelle der Ortsbuslinie und wandern durch die alte Kastanienallee »Am Kirchsteig« zur Kriegergedächtniskapelle von Dießen, zu der wir am Ende unserer Wanderung zurückkommen werden. Sie beherbergt eine schöne Kreuzigungsgruppe. Wir lassen sie rechts liegen und gehen durch den Ortsteil St. Georgen bis zur Johann-Michael-Fischer-Straße. Vergessen Sie nicht, einen Blick in die Ausstellungsfenster der Keramiker zu werfen: Dießen ist für dieses Kunsthandwerk berühmt! Wir biegen in die St. Georgstraße ein und können der wunderschönen **Georgskirche,** die früher die Pfarrkirche von Dießen war, einen kurzen Besuch abstatten.

Weiter führt der Weg durch die Burgwaldstraße, die kurz vor der Kirche links wegführt. Zwischen Einfamilienhäusern und einem großen Aussiedlerhof hindurch erreichen wir den Ortsrand, unmittelbar dahinter biegt die Straße rechts ab. Uns weist ein Schild schräg links zu einem **Wanderparkplatz,** von dem zwei Wege ausgehen. Wir wählen den rechten, er ist als Waldlehrpfad gekennzeichnet. Schon nach ein paar Metern verzweigt er sich erneut, an dieser Stelle gehen wir geradeaus, nicht links. Kurz darauf biegen wir nach rechts in den König-Ludwig-Wanderweg ab und wandern

über ein schmales Bächlein und um einen Hügel herum zum **Mechtildisbrunnen** (45 Min.). Das ist eine kleine, der hl. Mechtild geweihte Kapelle, die über dem Abfluss des Brunnens der ehemaligen Burg Schönenberg steht, des alten, verschwundenen Stammsitzes der Grafen von Dießen-Andechs. Auf dieser Burg wurde Mechtild 1127 geboren. Nach alter Überlieferung soll die Quelle bei hartnäckigen Augenleiden Linderung bringen.

Die so genannte **Burgkapelle** steht etwas oberhalb; über ein paar Treppen steigen wir zu ihr hinauf. Der Berg, der auf den offiziellen Karten Schatzberg heißt, wird hier in Dießen Burgberg genannt. Daher hat auch die Kapelle ihren Namen. Man erzählt, sie sei aus Steinen der Andechser Burg errichtet, Burgkapelle war sie also in Wirklichkeit nie. Alle Jahre halten die Dießener Bürger am Sonntag vor Pfingsten eine feierliche Prozession zu dieser Kapelle ab, um göttlichen Segen für die kommende Ernte zu erflehen.

Unser Weg führt jetzt nach links, unmittelbar am Waldrand entlang. Er verläuft zuerst im Wald, dann außerhalb an seinem Rand und führt bei einer festen Holzschranke wieder in den Hochwald hinein. An einem ersten Hügel wandern wir vorbei, dann geht es steil einen zweiten Hügel hinauf, auf dem ein **Unterstandshäuschen** aus Holz steht (1 Std.). Oben ist der Boden auffällig eben, und wenn man genau schaut, kann man sogar noch einen verfallenen Auffahrtsweg finden. Das ist der Platz, an dem die Burg der Grafen von Dießen-Andechs stand. Kein einziger Stein erinnert mehr an das einst so mächtige Herrschergeschlecht. Noch vor zwanzig Jahren konnte man von hier weit über den

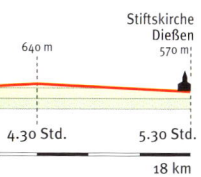

Stiftskirche
Dießen
640 m   570 m

4.30 Std.   5.30 Std.

18 km

See und in die bayerischen Alpen schauen, inzwischen ist fast alles zugewachsen.

Auf der anderen Hügelseite steigen wir steil abwärts und stoßen nach etwa 10 Min. auf eine Forststraße, in die wir rechts abbiegen. Schon nach ca. 300 m zweigt ein Weg links zum Ausflugsgasthaus **Schatzbergalm** ab (1.15 Std.). Vom Gasthaus wandern wir die Straße links bis zum Gasthausschild hinunter, wenden uns dort nochmals nach

links und gehen bis zur Straßengabelung. Etwa 20 m vor der Einmündung der von rechts kommenden Straße zweigt rechts ein Feldweg ab, der für den öffentlichen Verkehr gesperrt ist. Auf ihm geht es ungestört von jeglichem Verkehr hügelabwärts. Links taucht der Turm der Stiftskirche von Dießen auf, vor uns leuchten an schönen Sonnentagen die vielen Segelboote auf dem Ammersee. Der Weg führt an uralten Eichen vorbei, dann macht er einen

Schlenker nach links und stößt bei einem Umspannwerk wieder auf eine Teerstraße (1.45 Std.). Ihr folgen wir nach links, wandern am **SOS-Kinderdorf** vorbei und erreichen schließlich die Hauptstraße. Wir wenden uns kurz nach rechts, überqueren die Bahnlinie Augsburg–Weilheim und wandern links auf der Jägerallee nach **Dießen** hinein. Am Ende der Allee geht es ein Stück auf den See zu, wir durchqueren die Seepromenade und stehen schließlich am **Bootssteg von Dießen** (2.30 Std.). Hier sollten Sie nicht versäumen, einen Blick in den Künstlerpavillon zu werfen, in dem feinstes Kunsthandwerk von den zahlreichen Künstlern ausgestellt ist, die in und um Dießen wohnen und arbeiten.

Jetzt bietet es sich an, die Wanderung durch eine Mittagspause zu unterbrechen und in einem der Gasthäuser auf der anderen Seite der Bahn einen frischen Ammerseefisch zu probieren. Nach zweieinhalb Wanderstunden haben wir die Stärkung schließlich verdient. Wer den Weg verkürzen will oder muss, geht von der Seepromenade über den Carl-Orff-Platz und die Herrenstraße in etwa 15 Min. zurück zur Stiftskirche.

Wir wollen jedoch noch nicht aufgeben und wandern zunächst zwischen See und Bahngleisen weiter zu der kleinen Fischerkirche **St. Alban** (3 Std.). Das Gotteshaus war früher Ziel vieler Wallfahrer. Heute bezaubert es uns durch seine reizvolle Rokokoausstattung, die Wessobrunner Stuckateure im 18. Jh. geschaffen haben. Wenn man es auch nicht glauben will, die Altäre mit ihren Figuren (bis auf die des hl. Florian und Nepomuk) und die elegante Kanzel sind aus Stuck, also aus Gips!

Ein paar Meter nach der Kirche führt uns eine Straße vom See weg, doch schon nach 150 Metern biegen wir rechts in den Seeweg Süd ein und gehen am Strandbad St. Alban und am Campingplatz vorbei zu einem **Bahnübergang** (3.30 Std.). Wir überschreiten die Gleise und wandern auf der Seeackerstraße langsam aufwärts. Die stark befahrene Hauptstraße können wir durch einen Tunnel queren, dann erreichen wir

St. Alban am Dießener Seeufer

Bierdorf, in dem wir allerdings, trotz des viel versprechenden Namens, kein Wirtshaus gefunden haben! Auf der Dorfstraße geht es immer noch aufwärts, beim letzten Bauernhof schwenkt sie nach links, wir überqueren den Gruberbach und biegen unmittelbar darauf vor der Kapelle rechts in einen kleinen **Hohlweg** ein. Ein blauer Wegweiser mit der Aufschrift »Engenried, Hübschenried« zeigt uns die richtige Stelle. Der ungeteerte Feldweg schlängelt sich zunächst am busch- und baumbestandenen Ufer des Gruberbachs entlang und führt dann in den Wald. Kurz darauf, bei einer Bank, verzweigt er sich (4 Std.). Wir folgen dem linken Weg durch den Wald aufwärts zu einer Lichtung. Dort ist er ein Stück geteert, wir bleiben am Waldrand und kommen zu **zwei** ziemlich nahe beisammen stehenden **Stadeln.** Dort endet der Teer, der Weg, jetzt stark mit Gras überwachsen, führt in den Wald, aber nie weit vom Waldrand weg. Wo er zu enden scheint, sind wir wieder am Waldrand angelangt.

Hier beginnt ein schmaler, stark überwucherter **Fußpfad,** der über die Wiese auf eine wunderschöne, einzeln stehende Eiche und dann auf einen Stadel zuführt, der auf unserer Seite zwei große Öffnungen hat. Baum und Stadel sind vom Waldrand aus deutlich zu sehen, so dass man sich nicht verlaufen kann. Linker Hand schaut man über den Ammersee und auf das Kloster Andechs (Tour 4) am Ostufer. Beim Stadel wird aus dem Fußpfad ein mit Gras bewachsener Feldweg, nach ein paar hundert Metern kommen wir an eine Pferdekoppel mit neu gebautem Stall. Wir überqueren einen kleinen Bach, den Türkengraben und wandern am Schmiedhof vorbei zur

Landstraße, die von Dießen nach Landsberg führt (4.30 Std.). Wir folgen ihr etwa 200 m nach links und biegen dann rechts in die schmale Teerstraße ein, die durch ihr Ortsschild »Markt Dießen« kundtut, dass unsere Wanderung langsam, aber sicher zu Ende geht. Links taucht schon der elegante Kirchturm der Klosterkirche Dießen auf, die neuen, pseudomodernen Einfamilienhäuser erfreuen das Auge dagegen viel weniger. Nach etwa 15 Min. überqueren wir die Landstraße Dießen–Rott und folgen dem Wegweiser »St. Georgen«. Auf der Prälatenstraße wandern wir in weitem Linksbogen durch ein großes Sägewerk und stoßen schließlich auf die **St. Georg Straße,** der wir folgen. An der Kurve vor der Kirche geht es links in den Leutzenseeweg. Wenn er auch durch ein Sackstraßenschild gekennzeichnet ist, so führt er uns trotzdem schnurgerade zur Kriegerkapelle, an der wir zu Beginn unserer Wanderung vorbeigekommen sind. Auf der schon bekannten Kastanienallee erreichen wir unseren Ausgangspunkt, die **Klosterkirche von Dießen** (5.30 Std.).

Natürlich versäumen wir zum Abschluss nicht, einen Blick in das berühmte Gotteshaus zu werfen, man sollte aber auch nicht die außerordentlich stimmungsvolle St. Stephanskirche vergessen, die ganz unauffällig daneben steht. Der Eingang ist etwa dort, wo der schmale Weg von der Herrenstraße her endet. Hier befand sich zu Klosterzeiten der Marstall, man hat ihn bei der letzten Renovierung zu einer heizbaren Winterkirche umgebaut, denn die Klosterkirche kann und darf nicht beheizt werden. Die Kunstwerke würden durch die aufsteigende Warmluft zu sehr in Mitleidenschaft gezogen.

Zum Kreuz des Herzogs Tassilo

6

Tour

Von Weilheim nach Polling

Nach der Eiszeit bedeckte der Ammersee das Gebiet, auf dem heute die Kreisstadt Weilheim und das Kloster Polling stehen. Diese Wanderung führt ein Stück am ehemaligen östlichen Seeufer entlang; der flache Seeboden erlaubt eine weite Sicht über das Land.

DIE WANDERUNG IN KÜRZE

+
Anspruch

4 Std.
Gehzeit

14 km
Länge

Charakter: leichte Halbtageswanderung über Sträßchen und Wiesenwege, für Kinder gut geeignet, mit Kinderwagen möglich

Wanderkarte: Umgebungskarte 1:50 000 Pfaffenwinkel–Staffelsee

Einkehrmöglichkeiten: Gasthaus Gögerl, Gasthäuser in Etting und Polling

Anfahrt: Weilheim liegt an der **Bahn**strecke München–Oberammergau bzw. Mittenwald. **Bus**anbindung von allen größeren Orten der Umgebung. Vom Bahnhof geht man ins Stadtzentrum zum Marienplatz, an der Kirche vorbei und über den Rathausplatz durch die Obere Stadt. Am Ende biegt man rechts in den Gögerlweg ein (beschildert, 20 Min.). Mit dem **Auto** über die Autobahn A 95 München–Garmisch bis zur Ausfahrt Seeshaupt und weiter nach Weilheim. Zum Wanderparkplatz beim Gasthof Gögerl kurz nach dem Ortsschild links abbiegen.

Ausgangspunkt unseres Weges ist der Wanderparkplatz unterhalb des **Gasthofs Gögerl** am Ostrand von **Weilheim.** Wir wandern auf der Lindenallee zum Gasthof, lassen ihn links liegen und steigen auf dem Treppenweg ganz auf den Moränenhügel hinauf. Oben ist ein kleiner freier Platz mit einem Gedenkstein. Er erinnert an die Franziskanerklause, die bis zur Säkularisation hier stand. Unser Weg führt zunächst an der Hangkante entlang nach Süden. Wir wandern am Wasserspeicher von Weilheim vorbei und passieren ein schönes Feldkreuz. Rechts öffnet sich immer wieder der Blick auf Weilheim, das Kloster Polling und den Hohenpeißenberg. Dort, wo sich der Weg wieder etwas senkt, stoßen wir auf eine Querstraße. Der Wegweiser des Prälatenweges zeigt hier geradeaus, am Waldrand entlang. Wir aber wenden uns nach links und durchqueren auf der Forststraße den Wald. An seinem anderen Ende, bei einem Trafohäuschen, führt uns eine schmale geteerte Straße nach rechts zu einem Wasserpumpwerk. Wo der Teer endet, wandern wir links auf einem schmalen Weg am Zaun entlang durch das Wasserschutzgebiet. Der Weg mündet kurz vor Deutenhausen in eine Teerstraße. Auf ihr wenden wir uns nach rechts und gehen an einem Wanderparkplatz und an einem schönen Feldkreuz vorbei. Wir bleiben auf der kaum befahrenen Teerstraße und kommen zum nächsten Waldrand. Hier endet der Teer, wir wandern auf der Straße weiter durch den lichten, hellen Wald. Am gegenüberliegenden Waldrand öffnet sich der Blick nach Süden, vor uns liegt bereits das Kirchlein von **Etting** mit seinem Satteldachturm, unser nächstes Ziel (1 Std.).

Die Straße, jetzt trägt sie wieder eine Teerdecke, führt uns über die Wiesen und Weiden der Ettinger Bauern zur B 2. Wir überqueren sie, wandern durch die Feichtlstraße zur Hangkante des Ettinger Baches und gehen dann links auf die **Pfarrkirche St. Michael** zu. Der gotische Bau ist in der 1. Hälfte des 16. Jh. entstanden, der Hochaltar und die Figuren im Inneren stammen von den Barockbildhauern Franz Xaver Schmädl und Bartholomäus Steinle.

An der Friedhofsmauer vorbei biegen wir rechts in die Bachstraße ein. Sie endet in einem kleinen Platz, an dem ein Flurkreuz steht. Dort wandern wir die Straße aufwärts, die mit »Am Sportplatz« bezeichnet ist. Durch einen Wald und über kleine Lichtungen führt sie abwärts in das **Tal des Rettenbaches.** Vor uns steht der Hohenpeißenberg (Tour 8), links schlängelt sich der kleine Bach

durch die feuchten Wiesen, rechts wächst der fast schlagreife Bauernwald »Am Mühlholz«. Nach einer Rechtskurve taucht über den Wiesen der massige Turm der Pollinger Klosterkirche auf. Bei der Obermühle stoßen wir auf eine größere Straße, die von rechts herkommt und in unsere Wanderrichtung einschwenkt. Sie führt uns zuerst über Wiesen und Äcker, dann durch die Häuser von **Polling** direkt auf das ehemalige Kloster der Augustinerchorherren zu.

An den Klosterbauten vorbei gehen wir zum Maibaum und dort durch den Torbau in den **Klosterhof** (2.45 Std.). »Liberalitas Bavarica« prangt in goldenen Buchstaben auf einem Spruchschild direkt über der Eingangshalle der Klosterkirche und dokumentiert die Freiheit des Denkens, die einstmals in den Klostermauern herrschte. In den Hochaltar der Klosterkirche ist ein großes Kreuz aus Leder eingebaut. Der Legende nach wurde es vom Agilolfingerherzog Tassilo im Jahre 750 an der Stelle gefunden, an der heute das Kloster Polling steht.

Von der Kirche aus überqueren wir den Tiefenbach, wenden uns nach rechts und wandern am Friedhof entlang zur Tassilostraße. Dort geht es nochmals über den Bach und dann immer an der Klostermauer entlang zur Hauptstraße nach Weilheim. Hinter dem **Gasthaus Neuwirt** biegen wir rechts auf einen Weg ab, der Teilstück des Weitwan-

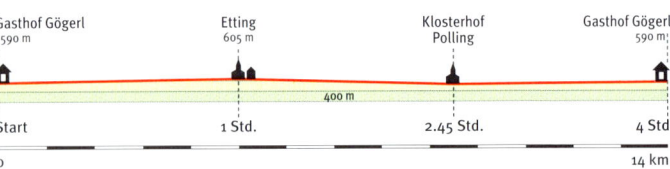

Gasthof Gögerl
590 m
Start

Etting
605 m
1 Std.

400 m

Klosterhof
Polling
2.45 Std.

Gasthof Gögerl
590 m
4 Std

0

14 km

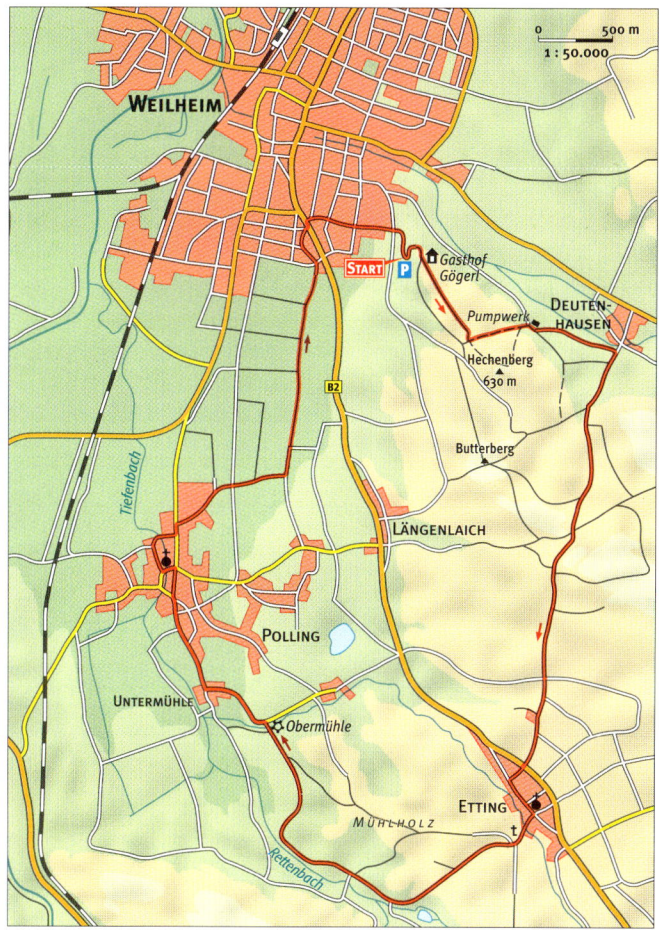

derwegs Prälatenweg ist. Wir wandern an den letzten Häusern von Polling vorbei zum Ortsschild, von dort zieht sich nach links ein schnurgerader Weg Richtung Weilheim. Gut 20 Minuten wandern wir auf ihm über die Felder, dann haben wir die erste Straße von Weilheim erreicht. Der Prälatenweg führt direkt zum **Weilheimer Marienplatz**. Um zum Parkplatz zu kommen, biegen wir rechts in die Zugspitzstraße ab und neh-

men am Ende links die Wettersteinstraße. Sie mündet in die B 2, auf der gegenüberliegenden Seite führt die Weinhartstraße zum **Gögerl** zurück (4 Std.).

Pollinger Gründungslegende

Im Jahr 750 hielt Herzog Tassilo mit großem Gefolge Hofjagd im Ammertal. Seine Hunde stöberten eine

Weilheim, Pfarrkirche St. Hippolyt

Hirschkuh auf und verfolgten sie lange. Plötzlich blieb das Tier auf einer Lichtung stehen und begann, unbeeindruckt von seinen wütenden Verfolgern, mit den Vorderhufen den Boden aufzuscharren. Der Herzog ließ nachgraben und fand drei Kreuze und eine kostbare Reliquie. Da beschloss er, an dieser von Gott geoffenbarten Stelle ein Kloster zu errichten, in dem die heiligen Gegenstände verehrt werden konnten ... So berichtet die Gründungslegende des Klosters Polling.

Nun setzt natürlich sofort Kritik an der Geschichte ein: Kein Jäger würde ihr Glauben schenken, denn so benimmt sich keine gehetzte Hirschkuh. Ein Historiker bekäme erst recht Zweifel, er weiß, dass Tassilo damals gerade 9 Jahre alt war! Also nichts als Phantasie? Keineswegs. Im Mittelalter sprach man gern in Bildern und Symbolen von dem, was man nicht sehen und greifen konnte. So gesehen, liest sich die Geschichte neu:

Die Hirschkuh war das Symbol für die Gott suchende menschliche Seele, die bellenden Hunde entsprechen dem wütendem Zorn der Feinde, die sie verfolgen. Das war damals noch ganz wörtlich zu verstehen. Um 750 war nämlich das Land nördlich der Alpen noch keineswegs flächendeckend christianisiert, die vorchristlichen Religionen, seien sie keltisch, römisch oder germanisch, dominierten. Vermutlich war an dieser Stelle eine christliche Siedlung untergegangen, die wertvollen Kultgegenstände hatte man in der Not vergraben. Der christliche Herrscher Tassilo versuchte, die Siedlung neu zu beleben, ließ die Schätze heben und begründete ein Kloster, das stark genug war, nicht wieder von Andersgläubigen überrannt zu werden. Die angegebene Jahreszahl aber ist nichts weiter als ein kleiner Hieb auf das Nachbarkloster Wessobrunn, dessen Gründung im Jahr 753 erfolgte. Da wollten die Pollinger einfach älter sein.

Das Zentrum des Hochaltars der Pollinger Klosterkirche ist ein großes Kreuz, der Legende nach eines der Kreuze, die damals der Agilolfinger-Herzog gefunden hatte.

Der letzte Agilolfinger

Von Wessobrunn in den Eibenwald

Diese Wanderung geizt nicht mit Sehenswürdigkeiten: das Kloster Wessobrunn mit seinen Schätzen, die Tassilolinde, die Kirche von St. Leonhard im Forst, auf deren Deckenbild sich ein wahrer Zoo tummelt, und schließlich der streng geschützte Eibenwald bei Paterzell.

DIE WANDERUNG IN KÜRZE

+ Anspruch	**Charakter:** bequeme Halbtageswanderung auf teilweise geteerten Straßen, Feld- und Wanderwegen über Moränenhügel, nur teilweise im Schatten	**Anfahrt:** Der **Bus** Nr. 9652 Weilheim–Landsberg hält in Wessobrunn. Mit dem **Auto** Autobahn A 95 München–Garmisch und die Starnberger Autobahn A 952 bis Starnberg und auf der B 2 nach Weilheim. Dort Richtung Wessobrunn, Landsberg. Parkmöglichkeit in Wessobrunn im Klosterhof oder an der Straße nach Haid.
4 Std. Gehzeit	**Wanderkarte:** Umgebungskarte 1:50 000 Pfaffenwinkel–Staffelsee	
12 km Länge	**Einkehrmöglichkeiten:** St. Leonhard im Forst, Gasthof Bayerischer Hiasl	

Unsere Wanderung beginnt im **Klosterhof von Wessobrunn.** Wir gehen zwischen der Kirche St. Johannes und dem »Grauen Heinrich«, einem romanischen Campanile, durch und schlüpfen rechts neben der Kirche durch die kleine offene Pforte. Aus dem Hang unter der Straße fließen heute noch die berühmten Quellen, von denen die Gründungslegende des Klosters berichtet. 1735 haben die Mönche sie vom Baumeister Josef Schmuzer in barockem Stil fassen lassen.

Wir steigen am Quellhaus vorbei zur Straße hinauf und wandern rechts an der Klostermauer entlang. Dort, wo sie zu Ende ist, geht es rechts in das kleine Tal des **Tesselsbach.** Er wird von den Tassiloquellen gespeist; sein Name erinnert ebenfalls an den Herzog. Unser Blick schweift über das breite Weilheimer Becken auf die Berge um Benediktbeuern: Benediktenwand, Rabenkopf (Tour 30), Jochberg, Herzogstand und Heimgarten (Tour 29). Fast unten im Talgrund steht die 800-jährige **Tassilolinde.** Aus einer einzigen Wurzel wächst ein schon vom Boden aus vielfach verzweigter Stamm mit mächtiger Krone. Trotz seines hohen Alters ist der Baum noch kerngesund. Wir überqueren den Tesselsbach, wenden uns hinter der Brücke nach links und gehen am kleinen **Wessobrunner Wasserwerk** vorbei zur Schmuzerstraße. Ihr folgen wir nach rechts, biegen links in die Zöpfstraße ein, die nach dem Wessobrunner Stuckateur Tassilo Zöpf benannt ist, und schon nach ca.

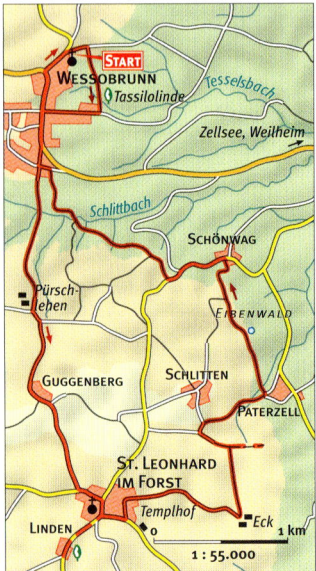

Guggenberg. Wir bleiben auf der Straße, oben am Sattel taucht das Kirchlein von St. Leonhard vor uns auf, im Hintergrund steht wie ein großer Wall der Peißenberg. Links davon schauen das Wetterstein mit der Zugspitze und das Estergebirge zu uns herüber, im Westen entdecken wir den Auerberg mit seiner Georgskirche, dazwischen liegen die Gipfel der Allgäuer Alpen. Wir wandern weiter in den Ort **St. Leonhard im Forst,** wo wir uns im Gasthof eine Rast genehmigen können (1.30 Std.).

Abstecher: Wer sich für alte Bäume interessiert, macht einen kleinen Abstecher und geht über die Landstraße nach Süden zu dem nur etwa 500 m entfernten Nachbardorf **Linden.** Am Ortseingang steht links der Straße eine von der Zeit zerfressene Linde. Ihr Alter wird von den Fachleuten auf 800 bis 900 Jahre geschätzt, trotzdem trägt sie noch ihre volle Laubkrone. Unser Weg setzt sich allerdings in St. Leonhard fort, wir müssen deshalb dahin zurückwandern.

300 m wieder schräg rechts in die Zimmermannstraße. Diese macht kurz darauf eine Linkskurve, unser Weg führt jedoch geradeaus den Hang hinunter. An einem verwitterten Bildstock vorbei kommen wir in den Wald. Den Schlittbach überqueren wir auf einer Holzbrücke und steigen gleich danach über Treppen wieder den Hang hinauf zu einer Wiese. Der Weg führt am Waldrand entlang und dann leicht links auf den Hof des **Pürschlehens** zu.

In einer weiten Rechtskurve wandern wir am Pürschlehen (1 Std.) vorbei und dann weiter auf der sanft geschwungenen Teerstraße zum Weiler

Südlich vom Gasthof folgen wir links dem Straßenschild »Templhof, Feuchten, Burgstall«, biegen aber noch im Dorf bei der Marienkapelle links in die Templhofstraße ein. Nach einem Baugeschäft wenden wir uns nach rechts. Der Wegweiser »Eck« führt uns zunächst durch eine Neubausiedlung und dann über die Fel-

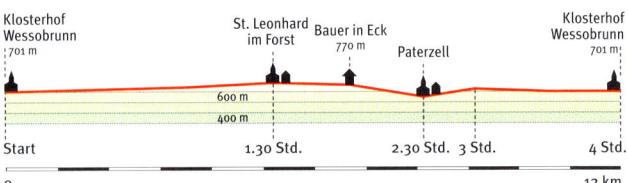

der zu einer Einöde, dem **Bauern in Eck** (2 Std.). Direkt am Hof biegen wir links in einen Wiesenweg ein und wandern auf den Weiler Schlitten zu. Vor einem Geländeeinschnitt wendet sich unser Weg nach links. Zunächst aber machen wir einen kurzen Abstecher zur **Drachenfliegerrampe** an der Hangkante. Das ist der Westhang des Weilheimer Beckens. Unter uns glänzt der Zellsee, den schon 1414 die Benediktiner von Wessobrunn als Fischteich aufgestaut haben. Im Hintergrund liegen die Satellitenantennen von Raisting, der Ammersee und das Kloster Andechs. Noch zu Römerzeiten schlugen die Wellen des Ammersees an diesen Hang, die kleine Ammer hat in den vergangenen 2000 Jahren mit Geschiebe aus den Bergen alles aufgefüllt.

Zurück bei der Abzweigung gehen wir weiter Richtung Schlitten. Kurz vor dem ersten Bauernhof führt rechts ein schmaler Fußweg auf der nördlichen Seite des Geländeeinschnitts über die Wiesen bergab zu dem bewaldeten Steilhang. Über Treppen geht es hinunter nach **Paterzell** (2.30 Std.). Im späten Frühjahr, wenn der Bärlauch blüht, riecht der ganze Wald nach Zwiebeln und Knoblauch. Bei den Quellfassungen weist ein Schild nach rechts, doch vor dem ersten Bauernhof von Paterzell wenden wir uns nach links, überqueren ein Bächlein und kommen so in das **Naturschutzgebiet Eibenwald.** Wir bleiben immer auf dem breitesten Weg, bei einer Kreuzung nehmen wir den, der rechts leicht abwärts führt. Über uns tauchen die alten, aufgelassenen Tuffsteinbrüche auf, die über Jahrhunderte hinweg das Baumaterial für Häuser und Kirchen der weiten Umgebung geliefert haben. Der Weg steigt bald wie-

Stuck im Tassilosaal des Klosters Wessobrunn, das von Herzog Tassilo III., dem letzten Agilolfinger, gegründet wurde

der an, die große Quellfassung lassen wir rechts liegen und kommen kurz darauf bei den **Feldern von Schönwag** aus dem Wald (3 Std.).

Am Waldrand entlang gehen wir zur Fahrstraße hinunter, auf ihr geht es dann etwa 500 m weit nach links. Dort, wo die Straße zu den Höfen von Schönwag abzweigt, führt uns rechts eine Forststraße in den Wald. Die Stelle ist mit einem Wegkreuz markiert. Schon nach 5 Min. schickt uns ein kleines, etwas verwittertes Holzschild nach links Richtung Wessobrunn. (Ein viel auffälligeres Schild, das den Weg für Reiter sperrt, markiert zusätzlich die Abzweigung.) Wir bleiben immer am Hauptweg, beim Wendeplatz (3.30 Std.) führt rechts ein kleiner Steig zum Schlittbach. Wir überqueren ihn und erreichen am Fußballplatz vorbei wieder die Zöpfstraße und den **Klosterhof von Wessobrunn** (4 Std.).

Tour 8

Der bayerische Rigi

Auf den Hohenpeißenberg

Elf Seen und 324 Kirchtürme soll man an einem klaren Tag vom Hohenpeißenberg aus sehen können. Schwärmer nennen ihn daher den bayerischen Rigi. Es gibt in Bayern keinen anderen der Alpenkette vorgelagerten Bergrücken, der eine so weite Sicht ermöglicht.

DIE WANDERUNG IN KÜRZE

++
Anspruch

4.30 Std.
Gehzeit

400 m
An-/Abstieg

Charakter: mittelschwere Ganztageswanderung auf teilweise geteerten Straßen, Feld- und Waldwegen, auf der es im Sommer etwas heiß werden kann

Wanderkarte: Umgebungskarte 1:50 000 Pfaffenwinkel–Staffelsee

Einkehrmöglichkeit: Restaurant Bayerischer Rigi am Hohenpeißenberg

Anfahrt: Peißenberg liegt an der **Bahn**linie Augsburg–Weilheim, **Bus**anbindung von allen größeren Orten der Umgebung. Bahn- und Busfahrer beginnen die Wanderung am Bahnhof. Mit dem **Auto** von der B 17, der Romantischen Straße, in Schongau nach Peißenberg abbiegen. Von der Autobahn A 95 München–Garmisch Ausfahrt Seeshaupt über Weilheim nach Peißenberg. Im Ort Wegweiser nach Fendt und Paterzell folgen. Wanderparkplatz unmittelbar rechts hinter der Bahnunterführung am Ortsrand.

Unsere Wanderung beginnt an dem kleinen **Parkplatz** unmittelbar hinter der Bahnunterführung auf der **Straße von Peißenberg nach Fendt/Paterzell**. Zunächst gehen wir ein Stück Richtung Fendt. Nach dem zweiten Bauernhof auf der linken Seite biegen wir vor einem Bach links in eine Feldstraße ein (15 Min.) und gehen zwischen Hof und Bach auf den Wald zu. Im Sommer leuchtet das gelbe Johanniskraut am Bachrand, das früher besonders bei Frauenleiden als Heilmittel benutzt

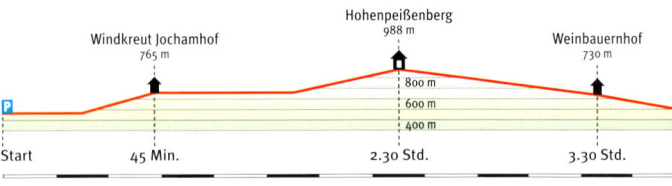

Windkreut Jochamhof 765 m — Hohenpeißenberg 988 m — Weinbauernhof 730 m

800 m / 600 m / 400 m

Start — 45 Min. — 2.30 Std. — 3.30 Std.

0

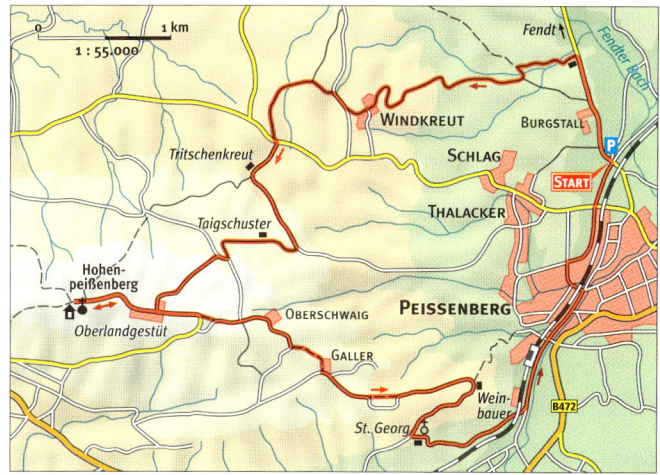

wurde. Kurz nach dem Waldrand wenden wir uns vom breiten Weg ab und steigen links zum Bach hinunter, überqueren ihn und gehen dann geradeaus aufwärts, nicht rechts den Bach entlang. Am Rücken des bewaldeten Hügels wendet sich unser Weg nach rechts, neben einem alten, nicht mehr benutzten Hohlweg wandern wir auf gut sichtbaren Pfadspuren durch den Wald. Ein Wegweiser nach Windkreut bestätigt uns, dass wir auf dem rechten Weg sind. Wir erreichen den Waldrand und können geradeaus, zwischen zwei Feldern, weitergehen, wenn auch der Weg hier manchmal kaum erkennbar ist. Auf halber Höhe des Hügels treffen wir auf eine Feldstraße, sie führt uns in einigen Serpentinen zu den Häusern von Windkreut. Hier öffnet sich der Blick schon weit nach Norden und Osten.

Das Kloster Andechs (Tour 4) ragt hoch über dem Ammersee auf, die Kette der Benediktenwandgruppe über dem Kochelseemoor und die Berge um Tegernsee und Mangfall begrenzen den Horizont nach Osten.

Am ersten Hof von **Windkreut,** dem **Jochamhof** (45 Min.), gehen wir vorbei und nehmen das Teersträßlein, das dahinter beginnt. Auf ihm bleiben wir nur bis zu einer Linkskurve und gehen dort geradeaus auf dem Feldweg weiter zu einer zweiten Teerstraße. Auf dieser gehen wir etwa 200 m nach rechts und biegen bei einigen Birken wieder links in die nächste Feldstraße ab. An einem Bauernhof vorbei erreichen wir einen großen Kirschbaum links vom Weg. Nur wenige Meter nach diesem Baum ist links ein Stacheldrahtzaun, unmittelbar danach führt ein je nach Vegetation schwer erkennbarer Weg nach links zum Waldrand. Den Zaun einer Jungpflanzung lassen wir rechts liegen und gehen auf schmalem Pfad leicht aufwärts. Links ist eine Bogensportanlage, bei ihrem Eingang neh-

4.30 Std.

15 km

Um Windkreut wächst wilde Kamille in Hülle und Fülle

men wir den linken, schmaleren Weg und kommen wieder zu einer Teerstraße.

Wir überqueren sie etwas nach links versetzt und wandern auf der Tritschenkreutstraße weiter. Am Hang steht ein großer Bauernhof, das Geburtshaus des Malers Matthäus Günther, der die barocke Freskenmalerei ganz wesentlich bestimmt hat. Wir werfen einen Blick in die kleine Hofkapelle, in der noch der Name »Ginter« genannt wird, biegen oberhalb des Hofs links ab und wandern den Hang entlang.

Nach einer Pferdekoppel führt unser Weg in spitzem Winkel nach rechts, wir steigen am **Taigschusteranwesen** vorbei durch jungen Wald bergauf und erreichen bei einem Heustadel die Wiesen von Hohenpeißenberg. Der Weg führt zuerst nach Südosten, dann an dem quer laufenden Weg nach rechts und schließlich in großem Bogen auf den 163 m hohen Fernsehmast der Bundespost zu. Am **Oberlandgestüt** beginnt bei einem steinernen Feldkreuz ein schmaler Wiesenweg, der in einigem Abstand neben der Fahrstraße zum unteren Parkplatz hinaufführt, von dort nehmen wir den Gehweg zu den Häusern und der Wallfahrtskirche auf dem **Hohenpeißenberg** (2.30 Std.).

Von drei Stellen aus kann man die einzigartige Aussicht genießen. Vom ersten Parkplatz schweift der Blick nach Osten, an Föhntagen kann man hinter der Berchtesgadener Bergen bis ins Salzkammergut hineinschauen. Der Nordparkplatz gegenüber dem Gasthaus öffnet die Sicht ins Alpenvorland, mit dem Fernglas kann man an klaren Tagen sogar die Hochhäuser Münchens und die startenden und landenden Flugzeuge über dem Erdinger Flughafen erkennen. Von der Brüstung bei der Wallfahrtskirche schauen wir nach Westen, hier bildet den Abschluss der Grünten bei Immenstadt, der durch seine vielen Antennen genauso wie der Wendelstein im Osten immer gut zu erkennen ist.

Zurück geht es zuerst auf dem schon bekannten Weg zu dem Feldkreuz beim **Oberlandgestüt.** Von dort aus wandern wir auf der Fahrstraße etwa 350 m bergab bis zu einer großen Rechtskurve. Ein kleiner Wiesenweg führt uns zur links abzweigenden Straße, wir gehen auf ihr bis zum ersten Bauernhof und dort nach rechts abwärts zu einem Wasserreservoir auf der linken Straßenseite. Von hier führt ein manchmal kaum sichtbarer Wiesenweg auf die auffällige Gruppe aus sechs Eichen und Eschen zu, die etwas unterhalb an einem Zaun steht. Durch einen Weideschlupf geht es über die nächste Wiese zu einem Grundstück mit Gartenzaun, an dem wir rechts entlang gehen und die Fahrstraße erreichen. Wir wenden uns nach links, bleiben bei der ersten Abzweigung nach ca. 200 m

rechts und erreichen wieder Bauernhöfe. Die Straße biegt rechts ab, wir gehen aber geradeaus zwischen den Häusern durch und auf einem schmalen Wiesenweg zwischen Weidezäunen abwärts. Er mündet in eine Teerstraße, die uns zum **Weinbauernhof** führt (3.30 Std.). Hier wurde tatsächlich früher Wein angebaut, der Schwedenkönig Gustav Adolf soll noch im Dreißigjährigen Krieg davon getrunken haben.

Von hier aus könnten wir direkt nach Peißenberg absteigen, wenn man aber auf der Straße weiter geht, kann man noch eine besondere kunsthistorische Köstlichkeit besuchen. Die Straße führt durch einen Wald zum **Jürgamohof,** der auf der linken Seite hinter einigen Büschen steht. Der Name des Hofs, »Georgsmann-Hof«, gibt schon einen Hinweis auf die **Georgskapelle,** die neben dem Hof steht. Den Schlüssel kann man bei der Bäuerin erbitten.

Der Weiterweg, ein schmaler Fußsteig mit Treppen, beginnt an der Frontseite des Jürgamohofes und führt steil abwärts. Bei einer sumpfigen Stelle mit viel Schilf halten wir uns links. An den ersten Häusern von **Peißenberg** vorbei kommen wir an die Bahngleise, an ihnen gehen wir links entlang zur Bahnschranke. Dort überqueren wir die Gleise und gehen auf der Bergwerkstraße in gleicher Richtung am Bahnhof vorbei bis zu einem Einkaufszentrum (4 Std.). Dahinter beginnt zwischen der Bahn und dem Wörtersbach ein Fußweg, dem wir zur Unterführung und auf der anderen Seite durch die Neubausiedlung auf den Schwalbenweg folgen. Am Ende der Siedlung biegen wir rechts ab, erreichen wieder die Bahn, überqueren die Forster Straße und sind in wenigen Minuten am **Parkplatz** (4.30 Min.).

Tour 9

Um den Lechstausee

Durch die Wälder von Schongau und Peiting

Die vielen Staustufen am Lech sind inzwischen so in die Landschaft eingewachsen, dass sie ganz natürlich aussehen. An einem der Seen führt diese Wanderung entlang, und man könnte glauben, man wandere am Ufer eines norwegischen Fjordes.

DIE WANDERUNG IN KÜRZE	
+ Anspruch	**Charakter:** einfache Halbtageswanderung auf meist guten Wegen
3.30 Std. Gehzeit	**Wanderkarte:** Umgebungskarte 1:50 000 Pfaffenwinkel–Staffelsee
	Einkehrmöglichkeiten: keine
12 km Länge	**Anfahrt:** Schongau liegt an der **Bahn**strecke Weilheim–Landsberg, **Bus**anbindung von allen größeren Orten der Umgebung. Vom Bahnhof geht man in etwa 5 Min. zum Ausgangspunkt der Wanderung. Mit dem **Auto** über die B 17, die Romantische Straße oder von der Autobahn A 95 München–Garmisch, Ausfahrt Seeshaupt, über Weilheim und Peißenberg. Der riesige Parkplatz zwischen der Altstadt und dem Lech ist zugleich Übernachtungsplatz für Wohnmobile, man fährt am besten diesen Hinweisschildern nach.

Unsere Wanderung beginnt an dem großen **Parkplatz** zwischen der Altstadt von **Schongau** und dem Lech. Wir wandern auf dem Fußweg neben der Fahrstraße den Lech aufwärts, am Freibad, den Sportanlagen und am Kneipptretbecken vorbei bis zur Straßengabelung. Dort gehen wir rechts zur Dammkrone des **Lechkraftwerks** hinauf. Es lohnt sich, einen Abstecher auf den Damm zu machen, von hier aus hat man einen interessanten Blick auf Schongau, eine Kombination aus der modernen Industriearchitektur der Papierfabrik und der barocken Silhouette der Altstadt.

Wir bleiben auf der orographisch linken Lechseite und wandern weiter den Fluss entlang, der jetzt wie ein tief eingeschnittener Fjord unter uns liegt. In **Dornau** biegt die Straße nach einer kleinen Kapelle vom Fluss

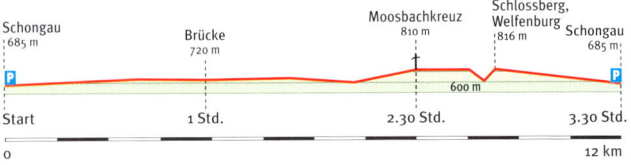

Schongau 685 m — Brücke 720 m — Moosbachkreuz 810 m — Schlossberg, Welfenburg 816 m — Schongau 685 m

600 m

Start — 1 Std. — 2.30 Std. — 3.30 Std.

0 — 12 km

ab. Wir gehen auf ihr noch ungefähr 300 m weiter und wenden uns dort, wo die alte Teerdecke beginnt und die Fahrbahn schmaler wird, scharf nach links in eine Anliegerstraße. Sie geht später in einen Feldweg über, der sich zwischen Lechhochufer und einer großen Wiese bis zum Wald hinzieht. Links kann man durch die Bäume bereits die neue Lechbrücke sehen. Am Ende der Wiese (45 Min.) wandern wir auf dem schmalen, linken Weg in den Wald, bleiben also zunächst an der Steiluferkante des Lechs. Nach einiger Zeit taucht rechts eine Forststraße auf, in die unser Weg schließlich mündet. Die Straße wendet sich ein klein wenig vom Ufer ab, führt über einen Hügel hinunter und trifft schließlich auf die neue Umgehungsstraße Schongau/Peiting. Wir gehen nach links

auf die Brücke zu (1 Std.). Neben der Fahrbahn ist ein Fußgängerweg gebaut, auf ihm überqueren wir den aufgestauten Lech.

Die **Lechbrücke** ist 750 m lang, sie bietet einen einzigartigen Blick auf den Lech, der zwischen seinen beiden Hochufern wie ein Fjord wirkt. Am anderen Ufer steigen wir in einer Schleife nach oben zu der Straße, welche die Schnellstraße auf einer kleinen Brücke überquert. Wir gehen zum Waldrand und auf einem schmalen Wiesenweg zwischen Wald und Feldern nach rechts zu einer Scheune. Unmittelbar hinter ihr beginnt eine Forststraße, die durch eine rotweiß bemalte Schranke abgesperrt ist (1.30 Std.). Auf dieser Straße wandern wir nach links in den Wald und kommen nach knapp 10 Min. an einen Holzplatz. Hier wendet

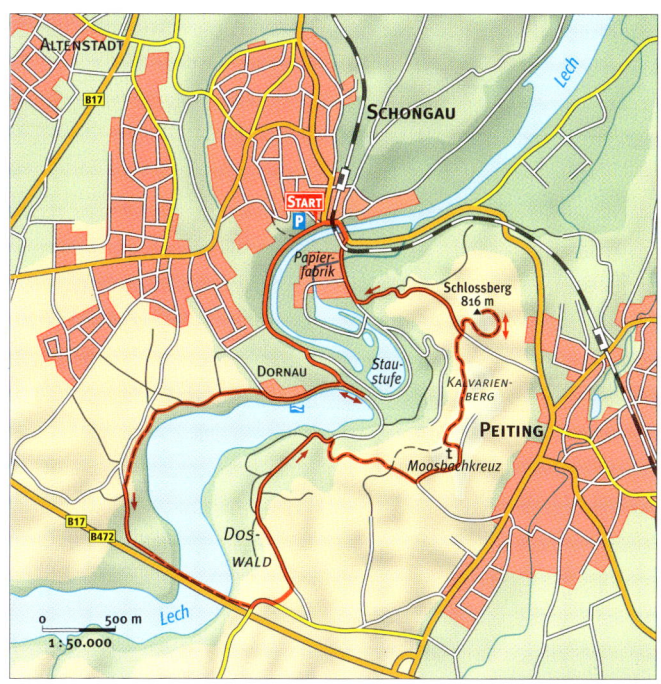

sich unser Weg leicht nach rechts und senkt sich langsam zum Lech hin ab. Auf einer Lichtung geht es unter einer Hochspannungsleitung durch, dann müssen wir aufpassen: Etwa 400 m nach der Leitungstrasse macht unser Weg eine Rechtskurve. Ihr folgt eine Linkskurve und dann ein kleiner Bach (2 Std.). Etwa 20 m weiter führt uns rechts ein verfallener Steig steil den bewaldeten Hang aufwärts. Kurz vor dem Waldrand verzweigt sich dieser Steig, wir wenden uns nach links und treten bei einem Hochsitz aus dem Wald. Unser Weg, der jetzt nur mehr aus Pfadspuren besteht, führt am Waldrand entlang zu einem Feldweg. Auf ihm überqueren wir die Wiesen. Bei einem Heustadel gabelt er sich, wir folgen dem linken, geteerten Feldweg. Er führt leicht aufwärts um den Hügel herum, auf dem das **Moosbachkreuz,** das wir schon vom Waldrand her gesehen haben, steht. Von der Hügelrückseite steigen wir zu ihm auf (2.30 Std.). Das Kreuz mit seiner einfachen Holzbank ist ein idealer Platz für eine kurze Rast.

Unter uns liegt das von seinen Moränenhügeln geprägte Voralpenland, der aufgestaute Lech und am Horizont die Kette der Berge. Die Sicht reicht von den Ammergauer Alpen, von den Bergen um Füssen bis zu den Thannheimer Bergen.

Unser Weiterweg führt wieder an den Waldrand zurück. Bei einer Rastbank wandern wir auf nur schwach sichtbaren Pfadspuren nach rechts. Der ganze Hügelrücken, auf dem wir wandern, wird Kalvarienberg genannt, weil auf der Peitinger Seite eine Kalvariengruppe steht. Ein paar Mal öffnet sich auf der linken Seite der Wald und gibt den Blick frei auf den gestauten Lech, auf Schongau und auf seine gewaltige Papierfa-

brik. Hier in einem abgegrenzten und aufgestauten Teil des Flusses wurden früher im Wasser gewaltige Holzmengen gelagert und zusätzlich von oben her ständig mit Wasser besprüht, um Fäulnis zu verhindern. Dieses Holz war Rohstoff für die Papierfabrik. Heute verarbeitet das Werk nur mehr Altpapier, doch die Anlagen sind noch vorhanden und können bei Bedarf jederzeit wieder eingesetzt werden.

Aus unserem Pfad wird ein grasüberwachsener Feldweg, doch bald verläuft er sich wieder und Pfadspuren führen uns bis zum Ende einer Wiese. Dort, wo es nicht mehr weiterzugehen scheint, führt links im Wald ein schmaler Steig im Zickzack abwärts zu dem alten, nicht mehr benutzen Verbindungsweg von Peiting und Schongau. Bei einem Stadel treffen wir auf ihn und folgen ihm nur ca. 30 m nach links. Dann schickt uns ein Wegweiser rechts zu einem Abstecher auf den **Schlossberg.** Der breite Wirtschaftsweg führt zunächst durch den Wald und dann über Weidewiesen zu einer kleinen Privathütte neben einem Gedenkstein für die alte Welfenburg, die bis zum 30-jährigen Krieg hier gestanden ist, um den Lechübergang zu kontrollieren (3 Std.).

Von dem Burgplatz aus gehen wir das kurze Stück zur alten Straße zurück und wandern zuerst über Wiesen, dann im Wald in flachen Serpentinen abwärts. Unten im Tal treffen wir wieder auf unsere Uferstraße, sie führt uns nach rechts direkt durch die **Papierfabrik.** Auf der Straßenbrücke überqueren wir den Fluss ein letztes Mal, biegen unmittelbar nach der Brücke links ab und kommen lechaufwärts zum Platz unterhalb der Altstadt von **Schongau** zurück (3.30 Std.).

Wilde Wege am Steilufer

Von Rottenbuch durch die Ammerleite zum Schmauzenberg

Trittsicherheit und Schwindelfreiheit sind normalerweise für eine Wanderung in der Voralpenlandschaft keine Voraussetzung. Doch der Weg am Ammerhochufer ist so kühn in den Steilhang gebaut, dass man ihn schon mit etwas Vorsicht begehen sollte.

DIE WANDERUNG IN KÜRZE

++
Anspruch

5 Std.
Gehzeit

14 km
Länge

Charakter: anspruchsvolle Ganztageswanderung auf teilweise geteerten Straßen, schmalem Wanderpfad an steilem Hang. Sie erfordert Trittsicherheit und an manchen Stellen sogar Schwindelfreiheit.

Wanderkarte: Umgebungskarte 1:50 000 Pfaffenwinkel–Staffelsee

Einkehrmöglichkeit: Gasthaus Schnaidbergalm

Anfahrt: Rottenbuch liegt an der **Bus**linie 9651 Weilheim–Füssen, der Bus hält unmittelbar vor dem Klostertor. Mit dem **Auto** Autobahn A 95 München–Garmisch Ausfahrt Kochel/Murnau, über Murnau, Bad Kohlgrub, Saulgrub und die Echelsbacher Brücke nach Rottenbuch. Parkplätze vor dem Klostertor und im Klosterhof.

Ausgangspunkt unserer Wanderung ist der Klosterhof von **Rottenbuch.** Vom Atelier des Bildhauers Walter Grill gehen wir auf der alten Fahrstraße München–Füssen steil den Berg hinunter. Vor der Kläranlage wenden wir uns nach links, gehen zwischen den zwei Weihern hindurch und nehmen unmittelbar vor dem Wald einen schmalen Steig nach rechts hinauf. Er führt zwischen Weide und Wald zu einem Pferdehof. Am Ende der Koppeln erreichen wir eine Teerstraße, der wir nach rechts folgen. Beim hölzernen Feldkreuz gehen wir geradeaus, obwohl sich die schönere Teerstraße nach rechts wendet. Vergessen Sie nicht, sich auch einmal umzudrehen: Im Süden steht die ganze Bergkette der Am-

mergauer Alpen! Bald kommen wir an die Grenze des **Naturschutzgebiets Ammerleite.** An einem Hofplatz hat die Feldstraße ein Ende, wir wandern rechts durch den Wald zur **Ammer** hinab. Zunächst ist der Weg noch recht breit, nach dem ersten Brücklein wird er schmal und steil. Er führt immer am Steilhang des Flusses entlang, steigt über Treppen auf und ab, abenteuerliche Holzbrücken führen über kleine Schluchten oder unwegsame Stellen. Mal tief unten, mal direkt neben dem Weg fließt die Ammer, wie bunte Striche ziehen die Kajaks der Wildwasserfahrer vorbei. Dass man hier Vorsicht walten lassen muss, versteht sich von selbst. Das **Notrufschild** (1.30 Std.), das den direkten Weg zur Straße und zum Telefon weist, hat schon manchmal gute Dienste geleistet.

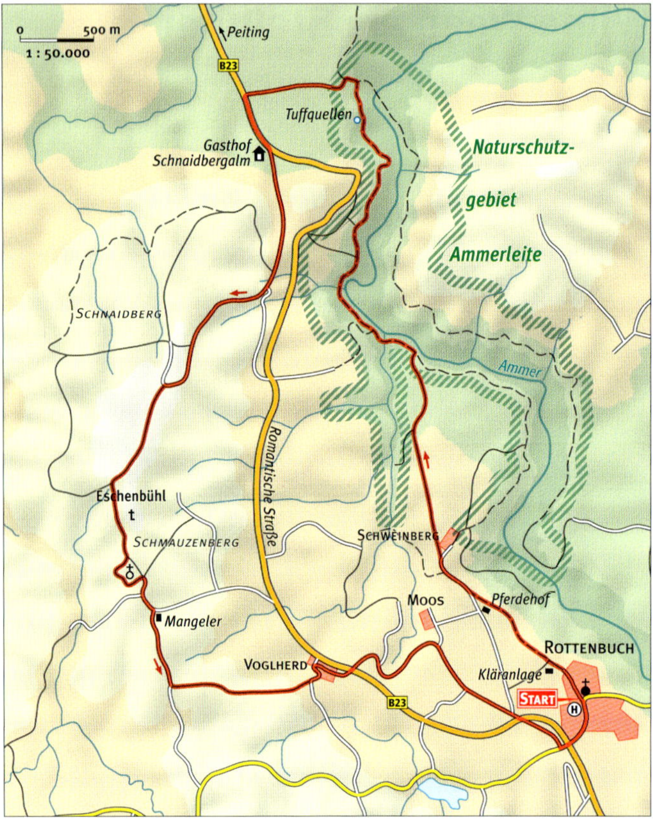

Etwas später kommen wir an ein paar Quellen vorbei. Hier lässt sich sehr schön die Entstehung von Tuffstein beobachten: In dem Quellwasser ist sehr viel Kalk gelöst. Wenn es an die Oberfläche kommt und in breiten Kaskaden über den Hang fließt, fällt der Kalk aus und lagert sich am Boden ab, zunächst als lockere, weiche Masse. Wenn sich aus irgendeinem Grund die Quelle verlagert, trocknet der Tuff ab und wird hart und belastbar, lässt sich aber dennoch leicht bearbeiten.

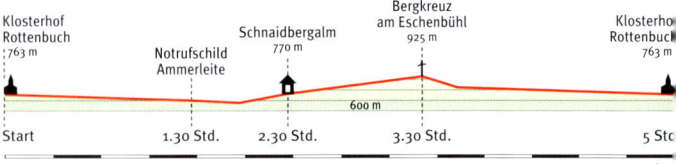

Kajakfahrer auf der Ammer

Nach den Quellen kommen wir an eine Wegverzweigung (2 Std.): Rechts geht es nach Peißenberg hinunter, links hinauf nach Peiting und Schongau. Wir steigen aufwärts, bis nach etwa 5 Min. eine Forststraße unseren Weg quert. Auf ihr geht es links bis zum Waldrand und dann geradeaus zwischen zwei großen Kiesgruben hindurch bis zur B 23. Auf der anderen Seite der Bundesstraße führt ein Weg für Fußgänger und Radfahrer nach links zur **Schnaidbergalm,** einem netten kleinen Wirtshaus (2.30 Std.).

Über eine geteerte Straße, die am Parkplatz des Gasthauses beginnt, führt der Weg weiter. Sie ist zwar für den öffentlichen Kraftfahrzeugverkehr gesperrt, trotzdem sollte man auf die Radler achten, die hier oft mit hoher Geschwindigkeit zu Tal sausen. Auf den recht feuchten Wiesen links und rechts der Straße kann man im Sommer Wollgras, Knabenkraut und die schönen Blutströpfchen finden. Nach dem Bauernhof biegen wir rechts in die ungeteerte Forststraße ein, die uns auf den **Schnaidberg** bringt. Hinter uns taucht der Peißenberg aus den Wäldern auf, nach der ersten Linkskurve hat man einen schönen Blick auf Rottenbuch und das Dorf Schönberg. Ganz oben, nach einer Rechtskurve, verzweigt sich der Weg (3.15 Std.). Wir biegen links in die schmalere Straße ein, wandern zuerst durch den Wald und dann am Waldrand entlang. Links steht auf der Wiese eine wunderschöne Fichte, rechts musste viel Wald neu gepflanzt werden, nachdem der Hochwald Stürmen zum Opfer gefallen war. Vor uns sehen wir bereits das Kreuz auf dem Eschenbühl, das an die Opfer der Kriege erinnert.

Bei einer auffälligen dreieckigen Waldschneise auf der rechten Seite wendet sich der Weg leicht nach rechts, links des Weges beginnt wieder der Wald. Hier folgen wir den Wegspuren nach links, die wir am Waldrand auf der Wiese finden. Dort wo der Wald rechts etwas zurücktritt, wird ein befestigter Weg sichtbar, der unterhalb des Kreuzes vorbeiführt. Auf ihm wandern wir später bergab. Zunächst aber steigen wir am Zaun entlang zum **Bergkreuz am Eschenbühl** hinauf (3.30 Std.), das an die Opfer der Kriege erinnert. Unter uns schlängelt sich die wilde Ammerleite, die wir zum Teil durchwandert haben, links steht wie ein Wall der Peißenberg (Tour 8) mit seiner Wallfahrtskirche und dem alten Observatorium. Rottenbuch liegt vor dem Hörnle (Tour 13), nur die Berge von Oberammergau werden durch den Wald verdeckt. Hier lässt sich gut rasten, ehe wir uns an den Abstieg machen.

Wir wandern auf der Feldstraße abwärts und erreichen den Hof **Fent** mit seiner kleinen Hauskapelle. Unser Weg führt zwischen Kapelle und Hof hindurch und dann rechts den Berg hinunter (nicht links, wie der Wegweiser anzeigt). Schauen Sie sich aber noch vorher den schönen gepflegten Bauerngarten der Bäuerin von Fent an. Davor steht übrigens ein Bäumchen mit den bei uns so seltenen Mispeln.

Am Fuß des Schmauzenbergs gehen wir um einen Bauernhof herum (3.45 Std.) und wandern dann auf einer Feldstraße weiter. Jenseits der Hochspannungsleitung nehmen wir den ersten Feldweg links und erreichen Voglherd. Eine Teerstraße führt uns nach rechts zu einer Quellfassung, links ein Stück den Bach entlang und um ein bebautes Grundstück herum zu einer Straße aus Verbundsteinen. Hier biegen wir nochmals links ab und kommen jenseits der B 23 nach **Moos**. Von hier gehen wir auf der Hauptstraße bis kurz vor Rottenbuch. Wir kreuzen die Bundesstraße zweimal (Unterführung) und erreichen, am ehemaligen Ökonomiehof vorbei, wieder den Klosterhof von **Rottenbuch** (5 Std.).

Die Buße des Welfenherzogs: Rottenbuch

Herzog Welf IV., der ab 1070 in Bayern regierte, befand sich in einem Dilemma. Er war in erster Ehe mit der Tochter seines Vorgängers, Otto von Nordheim, verheiratet gewesen, hatte seine Gattin aber verstoßen, nachdem sein Schwiegervater – fälschlicherweise übrigens – des Hochverrats bezichtigt wurde. Stattdessen ehelichte er Judith von Flandern, eine nahe Verwandte des deutschen Königs Heinrich. Dies brachte ihm zwar den bayerischen Herzogstuhl ein, aber auch den Zorn der Kirche, die diese Zweitehe als schwere Sünde ansah. Als Buße übereignete der Herzog im Jahr 1073 Teile seiner Güter an der Ammer dem Bistum Freising und verpflichtete sich gleichzeitig, dort ein Kloster zu gründen. Damit war er vergleichsweise billig davongekommen. Der Freisinger Bischof erklärte sich nämlich nur deshalb mit der Stiftung zufrieden, weil er damit endlich im augsburgischen Raum Fuß fassen konnte. Bis auf den heutigen Tag gehört Rottenbuch und damit der Hohenpeißenberg zum Bistum Freising, obwohl es eigentlich auf dem Gebiet des Bistums Augsburg liegt.

Rund um die Pestkirche

Von Steingaden zur Kreuzbergkirche

Auf der B 17, der Romantischen Straße, schlängeln sich die Auto-
kolonnen, um die Wieskirche drängen sich Besuchermassen. Doch
dazwischen liegt schönstes Bauernland mit Hügeln, Bächen und
Mooren, das zu einer gemütlichen Wanderung geradezu einlädt.

DIE WANDERUNG IN KÜRZE

+
Anspruch

Charakter: ruhige Halbtageswanderung im Vorge-
birge auf teilweise geteerten Straßen und Wald-
pfaden ohne Schwierigkei-
ten

3.30 Std.
Gehzeit

Wanderkarte: Umge-
bungskarte 1:50 000 Pfaf-
fenwinkel–Staffelsee

11 km
Länge

Einkehrmöglichkeiten:
keine

Anfahrt: Die **Bus**linien
9651 Weilheim–Füssen,
1084 Garmisch-Partenkir-
chen–Oberammergau–

Oberstdorf, 9822 Stein-
gaden–Saulgrub–Schon-
gau und 9715 Stein-
gaden–Schwangau–Füs-
sen halten in der Nähe des
Marktplatzes. Mit dem
Auto über die B 17,
(Romantische Straße). Parken am Marktplatz oder an
der nördlichen Friedhofs-
mauer.

Achtung: Nach längeren
Regenperioden sind ein-
zelne Stellen des Weges
sehr nass.

Ausgangspunkt ist der Marktplatz von **Steingaden,** der von dem alten Welfenmünster beherrscht wird. Über die Welfenstraße und die Brü-der-Zimmermann-Straße gehen wir zur B 17 und folgen ihr in südlicher Richtung zum Ortsrand. Unmittelbar vor dem Ortsschild (15 Min.) führt uns links eine Straße Richtung Fron-reiten (Wegweiser). Am **Grabensee** vorbei kommen wir zum **Biber-schwöllersee,** der tief unter uns in ei-ner Senke liegt. Bei der Straßenver-zweigung nehmen wir den Weg, der oberhalb des Sees weiterführt. Nach dem Weiler **Schlatt** gehen wir rechts an der einzeln stehenden Linde vor-bei den Berg hinauf und schließlich

links auf der Stichstraße zur **Kreuz-bergkirche** (45 Min.).

Von der Kirche haben wir einen weiten Blick auf die Trauchgauer Berge mit dem Niederbleick und die unzähligen Moränenhügel des Vor-alpenlandes, in die wie bunte Tupfer Bauernhöfe eingestreut sind. Im Sü-den stehen die Ammergauer Berge, der Tegelberg, der Säuling und die wilde Tannheimer Gruppe, die schon zu Tirol gehört. Eine Tafel an der Kir-chenwand erinnert daran, dass wir eigentlich auf einem Friedhof ste-hen. Hier liegen nicht weniger als 64 Bewohner des kleinen Weilers Fron-reiten begraben, die 1562 innerhalb weniger Tage an der Pest starben.

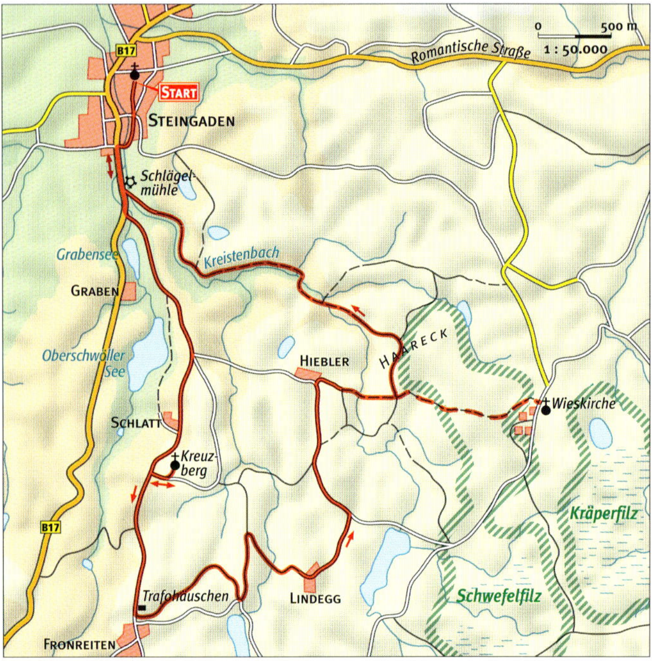

Wir gehen zur Straße zurück und wenden uns nach links, umrunden also den Kirchhügel auf der West-seite. Bei einer Wegverzweigung ge-hen wir geradeaus, lassen zwei ein-zelne Bauernhöfe rechts liegen und erreichen schließlich **Fronreiten** (1.15 Std.). Beim Ortsschild, neben einem Transformatorenhäuschen, beginnt links ein Weg, der mit einem Sack-straßenschild markiert ist. Auf ihm wandern wir über die Wiesen, schlüpfen durch ein Gatter und hal-ten am Zaun entlang auf die hervor-

springende Waldecke zu, die schräg rechts vor uns liegt (ca. 200 m). Dort beginnt ein aufgeschotterter Weg, der schon nach ca. 50 m in einen Feldweg mündet. Auf diesem wan-dern wir links den Hügel hinauf und am Waldrand entlang. Links schaut die Kreuzbergkirche zu uns herüber, wir werden sie auf unserem Weg noch von allen Seiten betrachten können.

Am Ende des Waldes passieren wir ein grünes Tor, ca. 200 m weiter zweigt unser Weg kurz vor einem

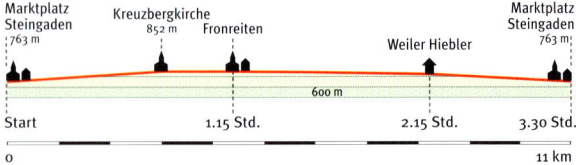

Blick auf das Kloster Steingaden

halb verdorrten Baum in spitzem Winkel nach rechts ab (1.30 Std.). Die Stelle ist mit einem Schild »Wieskirche« bezeichnet. Wir kommen in ein Wiesental, durch das sich ein unverbauter Bach schlängelt, gehen ein kurzes Stück den Bach entlang und dann in großen Schleifen zum Weiler **Lindegg** hinauf. Durch die Bauernhöfe erreichen wir eine Teerstraße und gehen auf ihr nach links abwärts zu einer Weggabelung hinunter. Hier nehmen wir den Weg links und erreichen schließlich den Weiler **Hiebler** (2.15 Std.).

Im Ort verzweigt sich der Weg wieder, links steht ein großer Bauernhof mit Lüftlmalereien. Als größter Hof im Dorf trägt er den Ortsnamen, es ist also der Hiebler-Bauer. Wir wenden uns nach rechts und wandern aus dem Dorf hinaus über die Felder zum nächsten Bauernhof, der mit Eternitschindeln verkleidet ist. Dahinter beginnt ein steiler Fußweg hinunter zum **Kreistenbach.** Wir überqueren ihn auf einem Steg, steigen am anderen Ufer wieder auf und treffen auf eine Forststraße, die unseren Wanderpfad kreuzt.

Variante: Wer Lust hat, kann hier einen Abstecher zur **Wieskirche** machen: Dazu geht man den Weg geradeaus weiter und hat sie in etwa 20 Min. erreicht.

Wir biegen links in die Forststraße ein, halten uns bei der nächsten Gabelung nach ca. 400 m wieder links, gehen den Hügel hinunter und erreichen wieder den Kreistenbach, der uns nun bis nach Steingaden hinein begleiten wird. Auf einem ganz schmalen, teilweise mit Bohlen befestigten Weg wandern wir durch den Wald, überqueren den Bach mehrere Male auf schmalen Brücken und kommen schließlich an eine große Viehweide. Wir überqueren sie auf deutlich sichtbaren Pfadspuren, nach einem großen Stadel wird der Weg breiter. Immer noch am Bach entlang führt er uns zu den ersten Häusern von **Steingaden** (3.15 Std.). Durch die Schlöglmühlstraße erreichen wir wieder die B 17, auf dem schon bekannten Weg geht es zum **Marktplatz** zurück (3.30 Std.).

Über Moränenhügel ins Rokoko

Von der Ammer zur Wieskirche

Wenn dieser Weg auch nur über Moränenbuckel führt, so stellt er doch an die Leistungsfähigkeit größere Anforderungen. Dafür entschädigt er mit zwei Höhepunkten: die Ammerschlucht mit den Schleierfällen und die Wieskirche, Glanzstück des bayerischen Barock.

DIE WANDERUNG IN KÜRZE

++

Anspruch

6 Std.

Gehzeit

22 km

Länge

Charakter: wegen ihrer Länge anstrengende Ganztageswanderung über teilweise geteerte Straßen, Wald- und Wiesenwege

Wanderkarte: Umgebungskarte 1:50 000 Pfaffenwinkel–Staffelsee

Einkehrmöglichkeiten: Gasthöfe an der Wieskirche

Anfahrt: Saulgrub liegt an der **Bahn**strecke München–Oberammergau und wird von den **Bus**linien 1084 Steingaden–Oberammergau, 9606 Schongau–Oberammergau und 9621 Murnau–Oberammergau angefahren. Bus- und Bahnfahrer müssen allerdings je eine Stunde Weg zur Wanderung hinzurechnen, da kein öffentliches

Verkehrsmittel zur Ammerbrücke fährt. Mit dem **Auto** die Autobahn A 95 München–Garmisch, Ausfahrt Murnau/Kochel und über Murnau und Bad Kohlgrub nach Saulgrub. In die B 23 Richtung Oberammergau abbiegen und kurz vor dem Bahnübergang rechts auf der Achelestraße bis zur Ammer. Dort sind ausreichend Parkplätze.

Achtung: Am besten bricht man schon um 8 Uhr morgens auf. Dann kommt man genau zu der Zeit an die Schleierfälle, wenn diese im besten Fotolicht stehen. Überdies erreicht man so vor 12 Uhr die Wieskirche und erhält einen freien Platz in den ab Mittag immer überfüllten Gasthäusern.

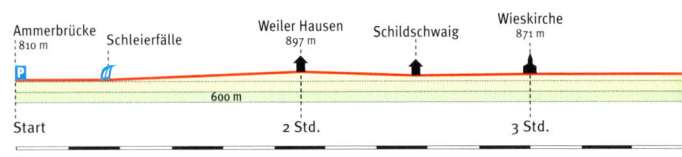

Ammerbrücke 810 m	Schleierfälle	Weiler Hausen 897 m	Schildschwaig	Wieskirche 871 m
		600 m		
Start		2 Std.		3 Std.

Unsere Wanderung beginnt an der **Ammerbrücke** westlich des Weilers Achele bei **Saulgrub.** Wir überqueren die Ammer auf einer alten Eisenbahnbrücke, umrunden das Elektrizitätswerk **Kammerl,** das seit der Jahrhundertwende den Strom für die Bahn von Murnau nach Oberammergau liefert, und steigen das steile Gegenufer hinauf. Der Weg ist durchwegs gut beschildert. Wir folgen zunächst den Tafeln »Schleierfälle« und wandern mit mehr oder weniger Abstand am Hochufer der Ammer entlang. Die vielen Blitzmarken an den Bäumen sind ein deutliches Zeichen dafür, wie extrem feucht der Untergrund ist. Nach 30 Min. verzweigt sich der Weg, wir steigen rechts zur Ammer ab und erreichen nach weiteren 10 Min. die berühmten **Schleierfälle** (45 Min.).

Wenn wir uns an den Wasserschleiern satt gesehen haben, steigen wir auf dem Pfad, den wir gekommen sind, zur Abzweigung zurück und folgen jetzt dem Schild »Parkplatz Hargenwies«. Am Weg ergeben sich noch ein paar schöne Tiefblicke in die Ammerschlucht. Wenn Sie Glück haben, können Sie die ersten Wassersportler mit ihren bunten Kajaks beobachten. In **Hargenwies,** dem Bauernhof, auf den wir schließlich stoßen, biegen wir links in die Teerstraße ein, um nach ein paar hundert Metern schräg aufwärts die Straße nach Hausen zu nehmen. Auch das ist eine geteerte Straße. Doch von allzu viel Verkehr

Die Schleierfälle in der Ammerschlucht

werden wir hier üblicherweise nicht gestört. Um das Naturschutzgebiet Wildseefilz herum sind wir in einer Stunde beim Weiler **Hausen** (2 Std.). An dem kleinen Wanderparkplatz am Nordende des Dorfes lenkt uns ein Wegweiser zur Wieskirche (Symbol) auf einen Feldweg. Herrliche Blumenwiesen breiten sich auf beiden Seiten des Weges aus, aber die einst so prächtigen einzeln stehenden Fichten sind durch das Baumsterben geschädigt und bieten ein trauriges Bild. Wir kommen an eine Sägerei, die wir rechts liegen lassen, und steigen auf der Teerstraße schräg den Hang nach oben zum **Landgut Schildschwaig** (2.30 Std.). Das Wohnhaus gleicht mehr einem

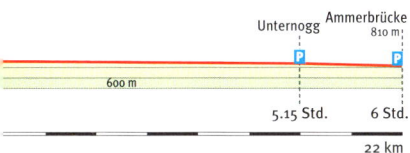

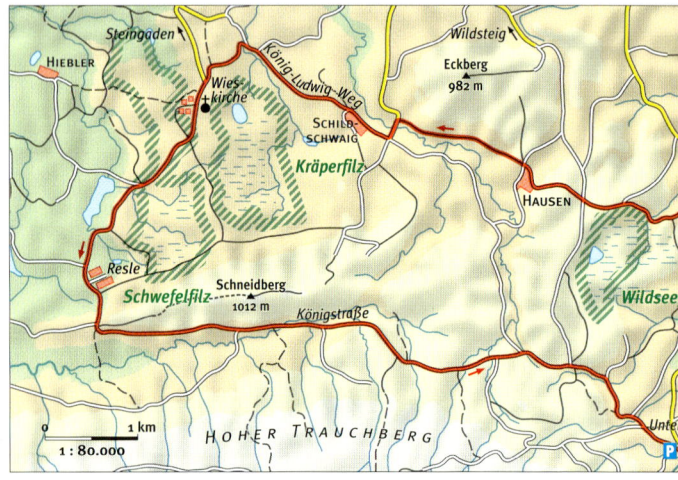

Schloss als einem Gutshaus. In einer weiteren halben Stunde haben wir unser Ziel, die **Wieskirche,** erreicht (3 Std.).

Von der Kirche aus nehmen wir zunächst den König-Ludwig-Weg Richtung Süden (blaues »K« auf weißem Grund) bis zur Gabelung Abtenau/Trauchgau (3.45 Std.). Wir wenden uns nach links und wandern durch Felder und Wald immer geradeaus auf der alten Königstraße bis zum Parkplatz Unternogg (5.15 Std.). Am Parkplatz überqueren wir die Teerstraße und gehen auf dem geschotterten Waldweg Richtung Kammerl/Saulgrub. An zwei Wegverzweigungen halten wir uns jeweils links, bis wir auf der linken Seite einen kleinen Weiher durchs Gebüsch blitzen sehen. Hier heißt es aufpassen: Der breite Weg führt um den Weiher herum, wir aber müssen den viel schmaleren, unauffälligen Pfad gehen, der sich geradeaus in den Wald hinein zieht. Nach 45 Min. (vom Parkplatz aus) sind wir wieder an der **Ammer** (6 Std.) und können uns in Saulgrub noch einen Nach-

mittagskaffee oder ein Abendessen leisten.

Bayerns schönster Schwarzbau

Es ist kaum zu glauben: Die Wieskirche bei Steingaden, weltbekannt als Krönung des süddeutschen Rokoko, ist ein Schwarzbau. Als nämlich 1750 endlich die Baugenehmigung erteilt wurde, war schon der Dachstuhl aufgerichtet. Wie war das möglich? Mitte des 18. Jh. war die barocke Welt in einen fast einzigartigen Baurausch verfallen. In ganz Mittel- und Südeuropa entstanden in kürzester Zeit so viele Schlösser und Klöster wie niemals vorher oder nachher. Doch damit nicht genug. In der Umgebung der Klöster baute man Wallfahrtskirchen, ähnlich prächtig ausgestattet wie die Klöster selbst. Das hatte natürlich einen handfesten finanziellen Grund. Der Bauboom verursachte hohe Kosten, die die Klöster (und die Adeligen) aus ihren Einkünften bestreiten mussten. Waren die Kassen leer, dann konnte schon

wunder vom 14. Juni 1738 kam ihm dabei gerade recht.

Da hatte nämlich eine alte, unansehnliche Prozessionsfigur, ein Heiland, den die Bäuerin Maria Lori bei ihrem Hof in der Wies aufgestellt hatte, Tränen vergossen. Die Geschichte verbreitete sich blitzschnell, und der Strom der Wallfahrer schwoll ganz ohne kirchliches Zutun immer mehr an. Diese Figur, so beschloss der Abt, sollte der Mittelpunkt seiner neuen Kirche sein.

Doch zum Bauen brauchte man auch damals schon eine Genehmigung der kurfürstlich-bayerischen Regierung, und die hätte das Kloster nie bekommen, wusste man doch in München nur zu gut, dass die Kasse von Steingaden leer war. Also fing man ohne Genehmigung an. Natürlich ließ sich das Projekt nicht lange verheimlichen, und so entstand ein recht abenteuerlicher Briefwechsel: Während die Regierung immer energischer auf Klarstellung drang, wich der Abt, es war inzwischen Marianus Mayer, allen kritischen Fragen sorgfältig aus. Seine Hoffnung, dass sich der Bau aus den laufenden Spendengeldern finanzieren würde, erfüllte sich nicht, die Schulden des Klosters wurden größer und größer und mussten zu guter Letzt von den umliegenden Klöstern aufgefangen werden. Den Bau einstellen konnte man nicht mehr, denn dann wäre die Wallfahrt in kurzer Zeit völlig versiegt. Also entschloss sich die Regierung zu einer nachträglichen Sanktionierung, eben zu der Zeit, als der Dachstuhl abgebunden wurde.

einmal bei einem Abt oder Prälaten der Wunsch nach einer zugkräftigen Wallfahrt auf seinem Klostergebiet aufkommen, die zahlungskräftige Pilger anlockte. Aber das hatte einen Haken: Man musste noch einmal investieren, um die Wallfahrtskirche möglichst prächtig auszustatten, denn sonst wurden nicht genügend Besucher angezogen, und die ganze Investition war in den Sand gesetzt.

Genau in diesem Dilemma war der damalige Abt von Steingaden, Hyazinth Gassner, um das Jahr 1740. Zur geplanten 600-Jahr-Feier seines Klosters 1747 wollte er den Bau in prunkvoll-barockem Stil erneuern lassen. Doch die ihm zugeordnete Wallfahrtskirche von Ilgen, die etwa 70 Jahre zuvor erbaut worden war, hatte sich als nicht besonders erfolgreich erwiesen. Kurzum, die wirtschaftliche Lage des sowieso nicht sehr begüterten Klosters war höchst unerfreulich. Da setzte der Abt alles auf eine Karte: Er würde die weithin schönste, größte und prächtigste Wallfahrtskirche bauen, die man sich denken konnte. Das Tränen-

Genau genommen hatte der Abt mit seiner Spekulation Recht behalten: Die Wieskirche ist heute mehr denn je das Ziel von vielen tausend Besuchern täglich.

Tour 13

Auf den rutschenden Berg

Von Bad Kohlgrub auf das Hörnle

So gemütlich wie der Name Hörnle ist auch diese Wanderung. Man bummelt auf bequemen Wegen über den Gipfel und erhält gleichzeitig einen überraschenden Einblick, wie instabil ein Berg sein kann.

DIE WANDERUNG IN KÜRZE

++
Anspruch

5 Std.
Gehzeit

650 m
An-/Abstieg

Charakter: bequeme Ganztageswanderung auf Wegen und Bergpfaden, die Orientierungsvermögen und etwas Spürsinn erfordert

Wanderkarte: Umgebungskarte 1:50 000 Pfaffenwinkel–Staffelsee

Einkehrmöglichkeit: Hörnle Hütte neben der Seilbahn Bergstation

Anfahrt: Bad Kohlgrub liegt an der **Bahn**strecke

München-Oberammergau und an der **Bus**linie 9621 Murnau-Oberammergau. Mit dem Ortsbus kann man vom Bahnhof bzw. Bushaltestelle zur Hörnlebahn fahren. Mit dem **Auto** auf der Autobahn A 95 München-Garmisch zur Ausfahrt Kochel/Murnau und über Murnau nach Bad Kohlgrub. Im Ort den Schildern »Hörnlebahn« folgen, Parkplätze in der Nähe der Talstation.

Vom **Parkplatz** bei der Hörnlebahn aus wandern wir auf dem Sommerweg auf das Hörnle. Wer sich den Aufstieg sparen will, der kann auch den Sessellift benutzen. Wir gehen die Fallerstraße und biegen beim Wegweiser am Ende rechts in den Hörnleweg ein. Über Wiesen geht es zunächst auf die Seilbahn zu, dann queren wir einen Wirtschaftsweg und wandern schließlich, mehr oder

weniger parallel zur Seilbahntrasse über Almweiden und durch den Wald zur **Liftstation** und zur **Hörnlehütte,** die unmittelbar daneben steht (1.15 Std.). Hörnle wird die buckelige Berglandschaft zwischen Bad Kohlgrub und Oberammergau genannt, die Hauptgipfel heißen Vorderes, Mittleres und Hinteres Hörnle. Das Letztere bietet die schönste Rundumsicht, darum wollen wir es als

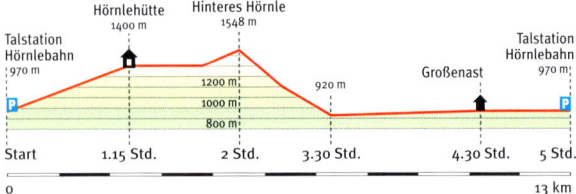

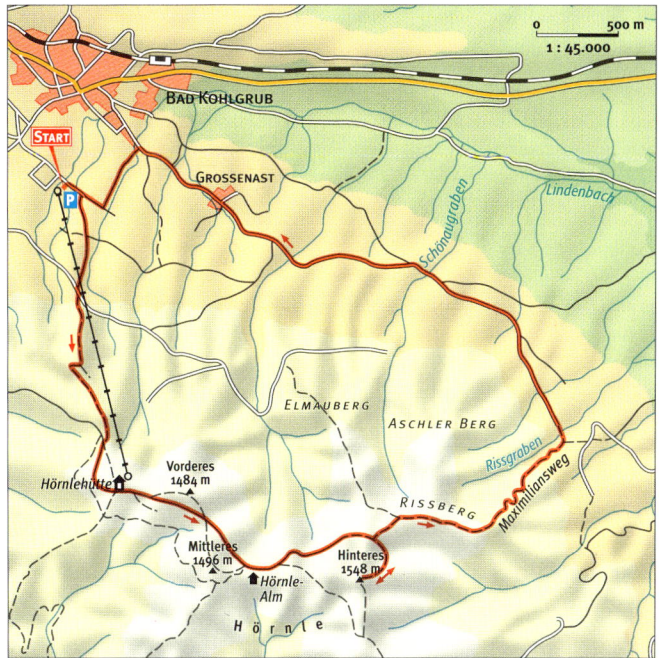

erstes Ziel ansteuern. Wir wenden uns von der Hörnle-Hütte nach links und wandern auf der Bergstraße nach Osten. Sie steigt leicht an und führt zwischen dem Vorderen und dem Mittleren Hörnle hindurch zur kleinen **Hörnle-Alm.** Hier kann man sich mit Milch oder Buttermilch stärken, der Senner buttert noch jeden Tag mit einem schönen alten Holzbutterfass. Vor uns steht bereits das Hintere Hörnle. Wir nehmen aber nicht den direkten Gipfelanstieg, sondern gehen zuerst auf dem breiten Weg im Uhrzeigersinn um ihn herum und steigen dann von Osten auf (2 Std.).

Wenn das **Hintere Hörnle** mit seinen 1548 m auch nicht besonders hoch ist, so bietet es doch eine weite Sicht. Tief unter uns liegt Bad Kohlgrub, das, wie alle Dörfer im

südlichen Oberbayern, in den letzten Jahren unglaublich gewachsen ist. Weiter links, hinter dem kleinen Kirchlein von Saulgrub, kann man recht gut den Verlauf der tief eingeschnittenen Ammer ausmachen. Sie ist einer der letzten unverbauten Wildflüsse der bayerischen Voralpen. Im Westen liegen die Waldberge des Trauchgaus mit dem Hohen Bleick (Tour 14), dann folgen die felsigen Gipfel des Ammertals. Der Kofel (Tour 15), Oberammergaus Hausberg, ist links neben dem Ort Unterammergau nicht zu übersehen. Nur Oberammergau selbst wird vom Wald verdeckt. Im Hintergrund steht die Notkarspitze (Tour 18) vor dem Wetterstein mit der Zugspitze, dann folgen die Kalkgipfel des Karwendels. Im Osten liegt das Murnauer Moos (Tour 35) und seine »Köchel«,

Felsbuckel aus Granit, die alle Eiszeiten überstanden haben. Nur der Gewalt des Menschen können sie nicht widerstehen: Sie werden als Steinbruch genutzt und liefern u. a. den Schotter für Bahngleise. Über dem Moor steht das wenig besuchte Estergebirge, dann folgen, schon im Voralpenland, Staffelsee (Tour 34), Riegsee und Starnberger See.

Vom Gipfel aus gehen wir wieder zur Bergstraße hinunter und auf ihr so weit zurück, bis wir auf die Nordseite des Berges kommen. Dann steigen wir genau in nördlicher Richtung weglos über die Wiese zu einem Wegweiser, der exakt Richtung Norden nach Elmauberg–Bad Kohlgrub zeigt. Ihm folgen wir aber nicht, sondern wenden uns an dieser Stelle nach rechts und wandern über die ziemlich nasse Weide auf zwei einzelne Fichten zu, die dicht nebeneinander in der Wiese stehen. Von ihnen aus sieht man den etwa 3 m hohen Stumpf eines verdorrten Baumes, darauf finden wir die orangefarbene Markierung des **Maximiliansweges.** Vor allem im Sommer überwächst das hohe Gras die wenigen Pfadspuren. Der Maximiliansweg ist ein Fernwanderweg von Lindau nach Berchtesgaden und erinnert an eine Fußwanderung des bayerischen Königs Max II. durch die bayerischen Alpen. Damit wollte er sein Land und seine Untertanen persönlich kennen lernen. Doch diese »königlichen Spuren« sind hier karg.

Der nächste Orientierungspunkt ist ein Jägerstand, der etwa 400 m entfernt am Waldrand steht. Wir gehen an ihm vorbei und kommen vor dem Anstieg zum Rißberg an einen flachen Buckel, der sich schräg von links nach rechts, von Waldrand zu Waldrand, über die Wiese zieht. Das ist unser Weg. Wir überqueren die

Wiese auf dem Buckel nach rechts und finden am Wald wieder einen orangefarbenen Punkt. Er ist allerdings nicht an den vorderen, jungen Bäumen, sondern weiter hinten, an der ersten älteren Fichte angebracht. Ab hier ist der Weg wieder deutlich sichtbar, als schmaler Bergpfad führt er im Wald steil bergab.

Wir überqueren eine kleine Lichtung (2.30 Std.), dann geht es in engen Serpentinen weiter zu Tal. Ein paar Mal kommt man in die Nähe der großen Abbruchstelle des Rißberges, die man auch von der Straße von Murnau nach Bad Kohlgrub sieht. In beängstigender Schnelligkeit rutscht hier der Berghang ab, nach jeder Regenperiode wird die aufgerissene Stelle größer. Der Grund ist die besondere Gesteinsschichtung des Hörnle: Zwischen festem, zu massivem Stein gewordenem Sediment liegen, wie bei einer Torte, weiche, wasserdurchlässige Schichten. In diese dringt von oben her Wasser ein, dadurch entsteht eine Gleitschicht, die den ganzen Hang zum Rutschen bringt. Beim Abstieg muss man in der Schuttrinne auf Steinschlag achten! Nur wenn hier alles ruhig ist, kann man im unteren, flachen Teil die Schuttmassen überqueren.

Der Weg wird flacher und wir kommen noch einmal in die Nähe der Abbruchstelle (3.30 Std.). Dort zweigt unser Rückweg nach Bad Kohlgrub vom Maximiliansweg ab, der weiter nach Grafenaschau führt. Ein einfaches Brett am Boden kennzeichnet die Abzweigung, etwa 30 m weiter findet sich ein Wegweiser nach Grafenaschau. (Wer schon vor diesem Schild steht, muss also zurückgehen.) Vom Schuttwall des Bergrutsches aus sieht man auf der gegenüberliegenden Seite den Beginn

Nicht nur Wanderer steigen auf das Hintere Hörnle

einer Forststraße. Wenn kein Steinschlag von oben droht, kann man über den Steinschutt zur Forststraße queren.

Variante: Wem die Querung zu riskant erscheint, der wandert nach **Grafenaschau** hinaus und den **Lindenbach** entlang nach **Bad Kohlgrub** zurück. Mit diesem Umweg dauert die Wanderung etwa 30 Min. länger.

Auf der Forststraße wandern wir in einem großen Linksbogen um den Aschler und den Elmauberg herum. Gleich zu Beginn des Weges kommen wir an einer freien Felswand vorbei, an der wir den Aufbau der Abrutschstelle gut erkennen können. Übrigens geht es sich auf dieser Forststraße sehr bequem, denn man hat sie mit gemahlenem Abbauschutt der Köchel aus dem Murnauer Moos aufgekiest, so dass man ganz weich und fast federnd auftritt. Wenn man etwas aufpasst, kann man zwischen dem schwarzen Urgestein kleine helle Quarzstückchen finden, mit etwas Glück sogar einen Bergkristall. Wir kommen zur Abzweigung nach Grafenherberg und überqueren gleich darauf den **Schönaugraben.** Kurz danach zweigt

rechts ein Weg ab, der über die Wiesen talwärts nach Bad Kohlgrub führt. Wer zur Talstation der Seilbahn zurück will, bleibt aber auf dem oberen Weg, der übrigens auch die schönere Aussicht hat.

Der Weg führt über die **Wiesmath,** eine große Wiese, und dann wieder durch den Wald nach **Großenast,** einen Weiler mit ein paar Bauernhöfen und einer Kapelle (4.30 Std.). Sie stammt aus dem Jahr 1856, am Altar sieht man ein schönes Bild der hl. Ursula, seitlich davon stehen die beiden Pestpatrone Rochus und Sebastian. Am Dorfausgang steht ein Steinkreuz, das an die Toten des Ersten Weltkriegs erinnert. Sieben Gefallene stammen aus diesen wenigen Häusern, davon vier aus einer einzigen Familie. An einem Wanderparkplatz vorbei, kommen wir zu einem Marterl und kurz darauf zu den ersten Häusern von **Bad Kohlgrub.** Jetzt müssen wir nochmals ein wenig ansteigen. Gegenüber der Pension Ludwigsschlucht biegen wir links in den Gehweg ein und wandern am Bach entlang aufwärts. Nach gut 10 Min. kommen wir an die Fallerstraße, auf der wir nach rechts wieder die **Talstation der Hörnleseilbahn** erreichen (5 Std.).

Hoch über der Wieskirche

Von Unternogg auf die Hohe Bleick

Die Trauchgauer Berge erfreuen sich bei Wanderern nicht allzu großer Beliebtheit. Sie sind über und über mit Wald bestanden und noch dazu weitab von jeder größeren Ansiedlung. Nur die Niederbleick erlaubt eine weite, einzigartig schöne Sicht nach Norden.

DIE WANDERUNG IN KÜRZE		
++ Anspruch	**Charakter:** stille Ganztageswanderung auf Bergpfaden und Forststraßen	und zu Fuß zum Ausgangspunkt (45 Min.); mit dem **Auto** Autobahn A 95 München–Garmisch Ausfahrt Kochel/Murnau über die Landstraße nach Murnau und weiter nach Kohlgrub und Saulgrub. Dort links in die B 23, ca. 300 m nach dem Bahnübergang rechts in die Altenauer Straße und weiter über Mayersäge und Unternogg bis zum Parkplatz an der Halbammerbrücke
5.30 Std. Gehzeit	**Wanderkarte:** Umgebungskarte 1:50 000 Pfaffenwinkel–Staffelsee	
	Einkehrmöglichkeiten: keine	
850 m An-/Abstieg	**Anfahrt:** mit der **Bahn**linie München–Oberammergau oder den Buslinien 9606 Schongau–Oberammergau und 9621 Murnau–Oberammergau nach Altenau	

Unsere Wanderung beginnt an der **Brücke** über die Halbammer etwa 3 km **westlich von Altenau.** Wir überqueren den Fluss und biegen nach ca. 200 m links in die ungeteerte Straße ab, die mit »Bleick – Königsweg« bezeichnet ist. Nach ca. 10 Min. weist uns ein weiteres Schild (Bleick) links aufwärts in eine Forststraße. Zeitig im Frühjahr ist der Waldboden fast gelb von den vielen Huflattichblüten, im Sommer begleiten uns Vergissmeinnicht und Farnkraut oder die zarten Stängel des Zinnkrauts. An zwei Weggabelungen halten wir uns rechts, bei der zweiten werden wir von unserer Tour zurückkommen. An der **Saulochhüt-**

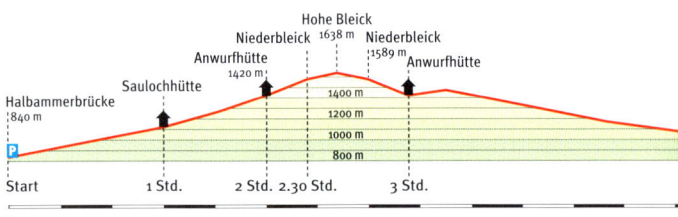

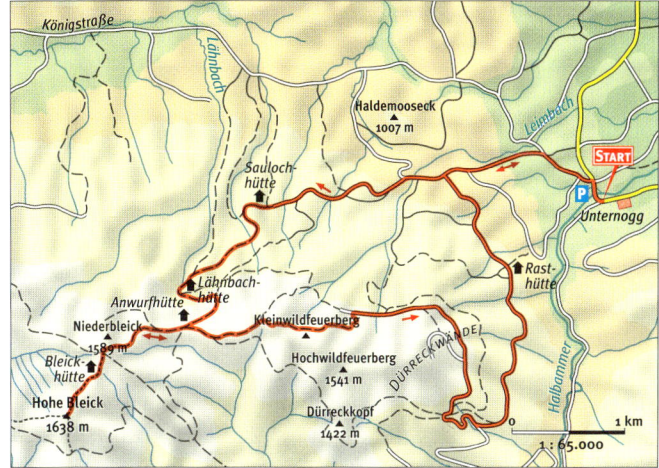

te (1 Std.), einem Forstdiensthaus, können wir kurz Rast machen. Nach der Hütte wird der Weg schmaler, der dichte Wald öffnet sich nur manchmal und lässt uns ahnen, wie schön die Aussicht oben auf der Niederbleick werden wird.

Wir treffen auf den Weg von Wildsteig und Steingaden, knapp 5 Min. danach biegt unser Weg ganz unvermittelt links vom Forstweg ab, der geradeaus weiterführt. Die Stelle ist mit einem Schild (St-B) bezeichnet (1.30 Std.). Von der Abzweigung aus sieht man bereits die **Lähnbachhütte,** wieder eine unbewirtschaftete Diensthütte. Jetzt geht es auf einem schmalen Waldweg weiter. Vor der **Anwurfhütte** kommen wir auf eine grasbewachsene Lichtung (2 Std.). Sie ist stellenweise recht sumpfig, ein paar halbierte Baumstämme

schützen vor nassen Füßen. Der Weg steigt wieder an, durch jungen Nadelwald erreichen wir den Gipfel der **Niederbleick** (2.30 Std.).

Die Niederbleick ist der einzige unbewaldete Gipfel der Trauchgauer Berge, sie bietet eine überwältigende Sicht auf den Pfaffenwinkel. Mit einem Blick kann man weite Teile des Klosterlandes überschauen. Aus dem Zentrum leuchtet die Wieskirche (Tour 12) herauf, links davon erkennt man die Satteltürme des Klosters Steingaden (Tour 11), noch ein Stück weiter sieht man über den Stauseen des Lech den Auerberg mit seinem Georgskirchlein. Rechts steht wie ein Wall der Peißenberg (Tour 8) am Horizont, davor ragt der Campanile des Klosters Rottenbuch (Tour 10) in den Himmel. Ganz deutlich sieht man hinter Bad Kohlgrub den Staffelsee (Tour 34), in der Ferne blinken Ammersee und Starnberger See. Mit dem Hörnle (Tour 13) beginnt der Reigen der Berge. Laber (Tour 16) und Notkarspitze (Tour 18) stehen über Oberammergau, das etwas versteckt im Tal liegt, dann be-

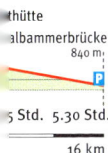

ginnt der Gipfelkamm der Ammergauer Berge: Pürschling, Hennenkopf, Brunnenkopf (Tour 19), Klammspitze und die lang gestreckte Hochplatte, um nur einige zu nennen. Im Hintergrund ragen die bleichen Kalkgipfel des Karwendel und des Wetterstein in den Himmel. Die Zugspitze muss man erst suchen, sie zeigt von dieser Seite nicht ihr markantes Gesicht.

Natürlich machen wir noch einen Besuch auf dem höchsten Gipfel der Trauchgauer Berge. An der kleinen **Bleickhütte** vorbei stehen wir in einer knappen Viertelstunde am Gipfel der **Hohen Bleick,** müssen aber feststellen, dass die hoch gewachsenen Bäume jede Sicht verdecken. Dennoch hat der Weg etwas für sich: Wenn am Niederbleick der Bergwind unangenehm kühl pfeift, kann man hier bequem in einer der vielen Mulden Rast machen und die warme Sonne genießen.

Über die **Niederbleick** wandern wir zur **Anwurfhütte** zurück (3 Std.) und gehen bis zu dem Gatter, durch das wir die Lichtung betreten haben. Von dort geht es rechts am Waldrand entlang zu einem zweiten Gatter (ca. 50 m), dahinter beginnt ein schöner Waldweg, der sich fast eben den Hang entlangzieht. An einer Weggabelung halten wir uns links, wandern

leicht bergauf durch einen ziemlich krank wirkenden Wald. Hier hat man vor Jahren Fichten gepflanzt, die aus dem Flachland stammen und an das raue Klima in dieser Höhe nicht angepasst sind. Nun sterben sie langsam ab.

Wir erreichen eine Forststraße (3.30 Std.), steigen noch ein Stück auf und haben unter dem Kleinwildfeuerberg ihren höchsten Punkt erreicht. Ab jetzt geht es ständig bergab. In einem großen Rechtsbogen umrunden wir die **Dürreckwände.** Wir bleiben immer auf der Forststraße und lassen uns von den schmalen Nebenwegen nicht verwirren. An einer großen Straßengabelung (4.30 Std.) folgen wir dem Schild »R1« nach links. Die Straße zieht sich hoch über dem Tal der Halbammer fast eben den Hang entlang, unser Blick schweift weit über die waldigen Berge. Man kann sich gut vorstellen, warum dieses Gebiet früher ausschließlich den bayerischen Herrschern als Jagdrevier vorbehalten war. Nach einer **Rasthütte** für Holzfäller (4.45 Std.) geht es wieder abwärts. An einem moosbewachsenen Brunnen vorbei, erreichen wir unseren Anstiegsweg (5 Std.) und auf dem schon bekannten Weg wieder die **Halbammer** (5.30 Std.).

Auf dem Weg von Unternogg auf die Hohe Bleick

Der Oberammergauer Hausberg

Auf den Kofel

Wenn auch der 1300 m hohe Kofel kaum mit den umliegenden Bergen konkurrieren kann, so hat er ihnen doch eines voraus: Im Osten fällt er fast senkrecht 500 m nach Oberammergau hin ab, vom Gipfel kann man daher wie aus einem Flugzeug auf den Ort schauen.

DIE WANDERUNG IN KÜRZE

++
Anspruch

3.30 Std.
Gehzeit

600 m
An-/Abstieg

Charakter: anspruchsvolle Halbtageswanderung auf Forststraßen, Bergpfaden, für den gesicherten Felssteig zum Gipfel Trittsicherheit und Schwindelfreiheit erforderlich

Wanderkarte: Umgebungskarte 1:50 000 Pfaffenwinkel–Staffelsee

Einkehrmöglichkeit: Gasthof Kolbenalm

Anfahrt: Oberammergau ist Endstation der **Bahn**linie München–Oberammergau, vom Bahnhof aus geht man die Ammer entlang zum Ausgangspunkt (15 Min.). **Bus**anbindung von allen größeren Orten der Umgebung. Mit dem **Auto** die Autobahn A 95 München–Garmisch bis zum Ende und weiter auf der B 2. In Oberau rechts abbiegen und auf der B 23 über Ettal nach Oberammergau, am Ortseingang Richtung Zentrum und zum Großparkplatz »Ortsmitte« neben der Ammer (beschildert).

Ausgangspunkt unserer Wanderung ist die Ammerbrücke in **Oberammergau** am südlichen Ende des Großparkplatzes. Wir wandern auf der König-Ludwig-Straße Richtung Berggasthof Kolbenalm/Kreuzigungsgruppe, bis die Straße in einer Wendeschleife endet. Dort führt ein kleiner Weg in den lichten Wald, und nach ein paar Minuten stehen wir auf dem Osterbichl vor der riesigen Kreuzigungsgruppe (20 Min.), die König Ludwig II. von Bayern unter dem Eindruck des Passionsspiels gestiftet hat.

Hinter dem Denkmal führt unser Weg weiter. Wir überqueren die Umgehungsstraße von Oberammergau, rechts weitet sich der Blick auf das noch naturbelassene Pulvermoos, das teilweise als Naturschutzgebiet ausgewiesen ist. Wir stoßen auf den Fahrweg zur **Kolbenalm** und folgen ihm bis zur Berggaststätte (30 Min.), vor der ein schönes Feldkreuz aufgerichtet wurde. Weiter geht es am Kolbenbach entlang Richtung Kolbensattelhütte. Nach der zweiten Brücke über den Bach zweigt links ein schmaler, wurzelüberwachsener Weg ab, der mit »Kofel« bezeichnet ist. Auf ihm steigen wir den Hang aufwärts. Nach einer guten halben Stunde wird es wieder flacher, wir

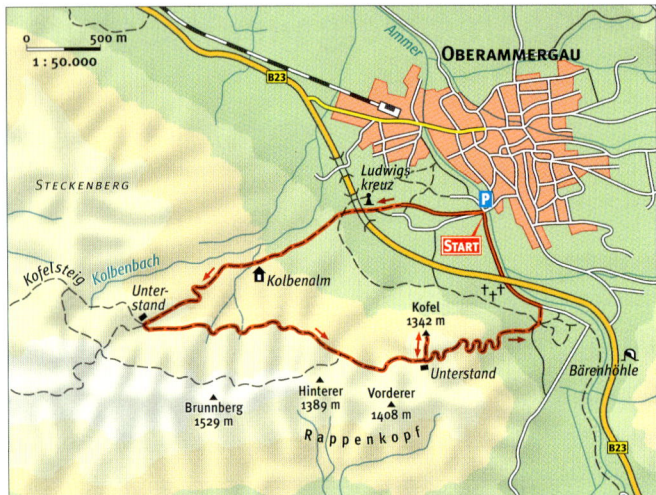

klettern auf einer kleinen Leiter über einen Wildschutzzaun und erreichen eine kleine **Unterstandshütte,** bei der sich die Wege wieder verzweigen (1.15 Std.). Geradeaus ginge es zur Kolbensattelhütte, wir aber nehmen den Weg links, Richtung Kofel. Er zieht sich ohne allzu viel Auf und Ab zuerst am Nordhang des Brunnbergs entlang, dann am Hinteren und Vorderen Rappenkopf vorbei bis zur Einsenkung zwischen Rappenkopf und Kofel, wo wieder eine kleine **Schutzhütte** steht (2 Std.). Geradeaus werden wir später weiter wandern, links führt unser Weg zum Gipfel. Wir steigen zuerst auf einem schmalen Pfad durch den Wald, dann wird es felsig und steil. Geschickt haben die Wegebauer den Steig durch die Felsen geführt, so dass man fast ohne Mithilfe der Hände auf den **Gipfel** kommt (2.15 Std.). Dennoch, überall, wo es etwas kritisch wird, hat man ein festes Drahtseil angebracht, an dem man sich wie an einem Geländer festhalten kann. Der Gipfel ist zwar breit, trotzdem geht es an allen Seiten steil und tief hinunter.

Volle 500 m tiefer liegt Oberammergau, man sieht wie aus dem Flugzeug auf den Passionsspielort. Nach Norden liegt das Ammertal wie ein aufgeschlagenes Buch unter uns, der Lauf des Flusses ist deutlich zu verfolgen. Direkt gegenüber liegen die Wiesen- und Waldgipfel des Hörnle (Tour 13), dann folgen die Kletterfelsen des Ettaler Manndl (Tour 16), nach Süden schließlich der

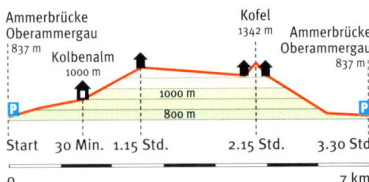

Vom Kofel hat man einen prächtigen Blick auf Oberammergau

Kramer (Tour 21) hinter der Notkarspitze (Tour 18) und das Kienjoch.

Vom Gipfel steigen wir wieder zur **Unterstandshütte** (2.30 Std.) zurück und dann links in engen Serpentinen über die Südflanke des Kofel bergab. Wir queren eine steile Geröllhalde – hier sollte man vor allem im Frühjahr aufpassen, um nicht in einen Steinschlag zu geraten. An einem Gedenkkreuz für einen Verunglückten vorbei, kommen wir schließlich auf eine Almwiese, auf der im Herbst der deutsche Enzian blüht. Wir überqueren sie geradeaus und gehen dann am Waldrand links zu dem Gatter, das die Weide abschließt (3.15 Std.). Nach dem Gatter nehmen wir den breiten Weg abwärts (nicht Richtung Kreuzigungsgruppe!) zu einem **Wanderparkplatz** und weiter auf der Straße nach links am Friedhof entlang. Den deutlich sichtbaren kürzeren Weg schräg über die Wiese direkt zum Friedhof wollen wir nicht empfehlen, denn vor allem nach Regentagen ist er sehr sumpfig!

Wir wandern am Friedhof vorbei, unter der Umgehungsstraße durch und dann immer die Ammer entlang, bis wir wieder bei der Brücke an der König-Ludwig-Straße in **Oberammergau** sind (3.30 Std.).

Dorf der Schnitzer und Schauspieler: Oberammergau

Passionsspiele und Schnitzkunst haben Ruf und Ruhm Oberammergaus begründet und dem Ort einen Wohlstand gebracht, den ihm manche neiden. Gehen wir zunächst einmal zu den Anfängen der Schnitzerei zurück. Die erste urkundliche Erwähnung dieses Handwerks stammt aus dem 12. Jh., Bedeutung erlangte es jedoch erst in der ausgehenden Gotik. Damals war die Schnitzkunst die Haupterwerbsquelle der Oberammergauer, es musste sogar eine eigene Waldordnung erlassen werden, damit der Holzbedarf der Schnitzer gedeckt werden konnte.

Darüber hinaus gab es für die Oberammergauer kaum eine Lebensgrundlage. Das Gastgewerbe ernährte nur wenige, die Landwirtschaft war in dieser unwirtlichen Gegend nicht einmal in der Lage, die Bauern selbst zu erhalten.

Die wichtigsten Schnitzerei-Erzeugnisse waren einfache Gebrauchsgegenstände wie Kochlöffel, Holzschaber, Schüsseln oder Waschbretter. Figuren, Spielzeug oder Krippen waren zunächst nur am Rande gefragt. Verkauft wurden die Gerätschaften durch die »Kraxentrager«, die mit einer hochbepackten Holzkraxe auf dem Rücken nach genau festgelegten Routen von Dorf zu Dorf wanderten. Die Oberammergauer Erzeugnisse waren sehr begehrt, und so konnten diese Einzelhändler schnell die Nachfrage nicht mehr befriedigen. Im 18. Jh. entstand eine neue Vertriebsorganisation: die Verleger. Sie kauften die Schnitzwaren auf und organisierten den Verkauf praktisch über die ganze damals bekannte Welt.

Dass man es auf diese Weise zu beachtlichem Wohlstand bringen konnte, zeigt ein Blick in die Dorfkirche, beweisen die aufwendig bemalten Häuser. Fassadenbemalung gab es schon zur Zeit der Romanik, hier in Oberammergau hat sie sich im Barock zur Hochblüte entwickelt. Unter dem Namen »Lüftlmalerei« hat diese elegant auf Mörtelputz gemalte Dekorationskunst weltweit Berühmtheit erlangt. Die Bezeichnung stammt von dem wohl wichtigsten Fassadenmaler, Franz Seraph Zwinck, der aus dem Oberammergauer Haus »Zum Lüftl« stammte. Im Altbayerischen wird der Hausname gern mit dem Beruf verbunden und hält sich zum Teil über viele Generationen. In diesem Fall hat sich der Name selbständig gemacht. Sie können das Haus »Zum Lüftlmaler«, wie es inzwischen genannt wird, in der Judasgasse ansehen.

Oberammergaus Pfarrkirche gehört zu den reichsten Gotteshäusern im ganzen süddeutschen Alpenraum. 1736 bis 1742 erbaut und in der Folgezeit eingerichtet, steht sie in ihrer barocken Pracht einer Klosterkirche kaum nach. Die bekanntesten (und teuersten) Künstler der Zeit wurden hierher verpflichtet: Josef Schmuzer, der bewährte Wessobrunner Architekt, war der Baumeister, der junge Matthäus Günther malte 1741 als Zentralfresko das Martyrium der Apostelfürsten Petrus und Paulus, zwanzig Jahre später schuf er das Marienfresko im Chor. Die Innenausstattung stammt von Franz Xaver Schmädl. Sie wurde erst nach der Einweihung der Kirche vollendet.

Am 20. Oktober 1632 war in Oberammergau die Pest ausgebrochen, das Dorf drohte auszusterben. In ihrer Not entschlossen sich die Bewohner zu einem folgenschweren Versprechen: Alle zehn Jahre wollten sie ein Spiel um Leiden und Tod Jesu Christi aufführen, solange die Gemeinde bestünde. Am 27. Oktober 1633 legten sie ihr Gelübde vor dem Kreuz ab, und mit diesem Tag, so erzählt die Ortschronik, sei die Seuche erloschen. Das Versprechen wurde ernst genommen. Ungeachtet der Schrecken des Dreißigjährigen Krieges wurde bereits ein Jahr später das erste Spiel aufgeführt. Keiner der Votanten konnte auch nur annähernd ahnen, dass sich dieses Spiel zu einem Anziehungspunkt für die ganze Welt entwickeln sollte.

Kletterfreuden für Jung und Alt

Das Ettaler Manndl

Man sieht den Felsgipfel des Ettaler Manndl von allen Seiten aus der waldbewachsenen Umgebung aufragen. Die letzten Meter zu seinem Gipfel sind eine zwar ungefährliche, aber dennoch luftige Kletterei, die nicht nur für Kinder sehr spannend ist.

DIE WANDERUNG IN KÜRZE

++
Anspruch

3 Std.
Gehzeit

850 m
Abstieg

Charakter: anspruchsvolle Halbtageswanderung auf guten Bergwegen, Forststraßen und auf einem kurzen Klettersteig, für den Trittsicherheit und Schwindelfreiheit erforderlich ist.

Ausrüstung: Für Kinder evtl. Reepschnur mit Karabiner für den Klettersteig mitnehmen

Wanderkarte: Umgebungskarte 1:50 000 Pfaffenwinkel–Staffelsee oder Werdenfelser Land

Einkehrmöglichkeit: Laberjoch Bergstation

Anfahrt: Oberammergau ist Endstation der **Bahn-**linie München–Oberammergau. Vom Bahnhof aus geht man quer durch den Ort in etwa 30 Min. zur Laberjochbahn. **Bus**anbindung von allen größeren Orten der Umgebung. Mit dem **Auto** die Autobahn A 95 München–Garmisch zum Ende und weiter auf der B 2, in Oberau rechts abbiegen und auf der B 23 über Ettal nach Oberammergau. Am Ortseingang Richtung Zentrum und dann rechts den Schildern zur Laberjochbahn folgen. Parkplatz bei der Seilbahn.

Ausgangspunkt unserer Wanderung ist die **Bergstation der Laberjochbahn.** Unser Weg beginnt an der Nordseite des Laberjochs, unterhalb des Gipfelgrates führt er ein kleines Stück nach Osten. Nach ein paar Minuten überqueren wir den Grat in einem Einschnitt in südlicher Richtung, dann geht es einige Meter steil hinunter in einen Kessel. Hier wird der Weg wieder flacher und wendet sich erneut nach Osten. Wir erreichen eine Felswand, die schon zur Felsrippe des Ettaler Manndl gehört. Vor der Wand steigen wir nochmals ein paar Meter ab und gehen unten in einigem Abstand an ihr vorbei. (Der verführerische Weg direkt unter dem Fels führt zwar auch Richtung Ettaler Manndl, doch muss man dann auf einem recht rutschigen Grashang auf den Hauptweg hinunter klettern.) Wir wandern durch den Wald weiter und erreichen schließlich den Weg, der von Ettal heraufkommt. Nur ein paar Meter oberhalb beginnt der Einstieg zum Gipfel (30 Min.).

Der kleine Klettersteig ist mit einer soliden, griffigen Kette hervorragend gesichert. Außerdem sind als Steighilfe immer wieder Eisenstangen einzementiert. (Wer sich unsicher fühlt, sollte auf keinen Fall einsteigen, es gibt nur diesen einen Weg, man muss ihn auch wieder herunter klettern. Das fällt meist schwerer als der Aufstieg.) Der Gipfel besteht aus zwei parallel verlaufenden Riffen. Wir erreichen zuerst den südlichen Felsgrat, steigen wieder ein paar Meter ab und stehen endlich beim **Gipfelkreuz** (45 Min.). Hier oben wird klar, warum dieser Gipfel, dessen markanter Felsaufbau sich von allen anderen waldbedeckten Vorgebirgsgipfeln unverkennbar abhebt, so beliebt ist: Er bietet einen prächtigen Blick weit ins Alpenvorland hinaus, tief unter uns liegen die Täler der Ammer und der Loisach sowie der Soilasee, an dem wir später noch vorbei wandern werden. Auch das Klosterdorf Ettal ist gut zu erkennen. Im Osten über dem Loisachtal steht das Estergebirge, rechts der Hohe Fricken (Tour 23), etwas zurückgesetzt, aber durch seine ebenmäßige Gestalt unverwechselbar, finden wir den Simetsberg (Tour 28) wieder. Natürlich dominiert im Süden das Wettersteinmassiv, die Zugspitze ragt genau über dem Kramergipfel (Tour 21) in den Himmel.

Im Westen schauen wir ins Ammergebirge, bei guter Sicht kann man mit dem Fernglas sogar den Grünten im Allgäu ausmachen.

Wir klettern auf dem gleichen Weg wieder zurück und wenden uns am Fuß des Felsenriffs nach links. An schönen alten Wetterfichten vorbei steigen wir ab und achten vor allem im Wald auf die vielen freigetretenen Wurzeln, die meist unangenehm glatt sind. An einem großen Felsbrocken vorbei, der im Laufe der Zeit schon viele Steine »verloren« hat, erreichen wir schließlich den **Soilasee** (1.30 Std.). Für eine Rast ist er dem Gipfel vorzuziehen, denn hier ist es ruhiger als oben, und Kinder kann man unbesorgt spielen lassen. Außerdem ist es im Kessel meist recht windstill, vor allem im Frühjahr oder späten Herbst ein unschätzbarer Vorteil.

An einer auffällig schlanken Wetterfichte finden wir einen Wegweiser nach Oberammergau, der uns nach Osten schickt. Unser Weg kreuzt eine Forststraße, führt über die Wiesen der **Soilaalm** und durch den schattigen Wald erneut zur Forststraße, die einen großen Bogen gemacht hat. Auf ihr gehen wir ein paar hundert Meter abwärts, dann zweigt links ein Wiesenweg ab, auf dem wir in einigem Abstand zur Straße talwärts wandern.

Bei einer **Unterstandshütte** wenden wir uns nach links in den Wald

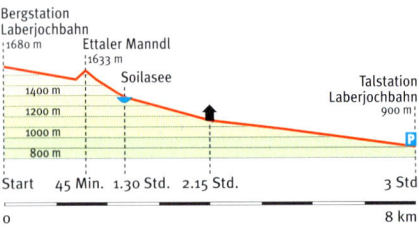

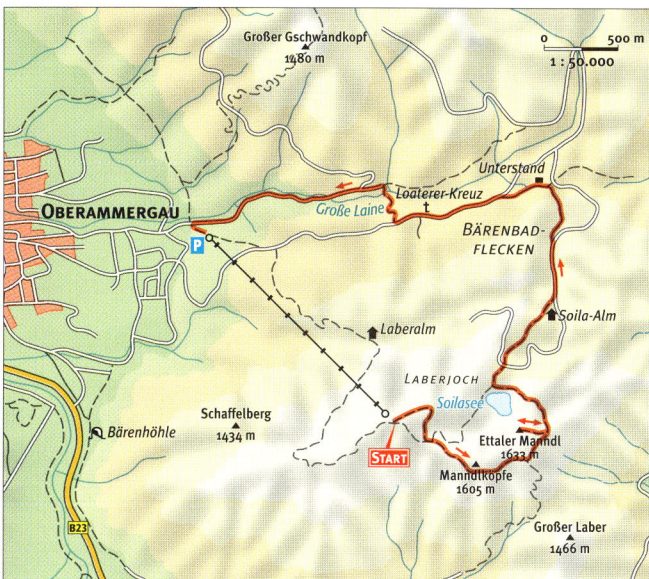

und folgen dem alten Almweg, der etwas später in die Forststraße mündet (2.15 Std.). Neben dem Weg steht ein Kreuz mit dem Spruch »Lieber Herrgott in der Höh, schick uns bittschen (bitteschön) recht vui (viel) Schnee – die Loaterer«. Das ist die Bitte einer Gruppe Extremskifahrer, die vom Laber über die »Leiter«, eine außerordentlich steile und schmale Rinne, ins Tal abfahren. Dazu muss sehr viel Schnee liegen, und selbst wenn das der Fall ist, können es nur wahre Skiartisten wagen, die sich dann »Loaterer« (Leiterabfah-

rer) nennen dürfen. Weil in den letzten Jahren sehr wenig Schnee gefallen ist, haben sie dieses Kreuz aufgestellt, doch bis jetzt hat sie der Herrgott nicht erhört.

Nur ein paar Meter weiter schickt uns ein Wegweiser (2.30 Std.) rechts auf einem schmalen Steig abwärts in das Tal der **Großen Laine.** Auf einer Holzbrücke überqueren wir sie, wenden uns nach links und gehen dann fast eben am Bach entlang zur **Talstation der Laberjochbahn** (3 Std.) zurück.

Auf den Spuren alter Kaufleute

Von Oberammergau nach Ettal

Zu Römerzeiten führte eine wichtige Fernstraße durch das berühmte Oberammergau – schon damals gab es hier also Fremdenverkehr. Wir wollen die alten Fuhrknechte auf ihrem Weg von Oberammergau nach Ettal ein kleines Stück begleiten.

DIE WANDERUNG IN KÜRZE

+
Anspruch

Charakter: einfache Halbtageswanderung auf guten Wanderwegen, bei Verzicht auf die Bärenhöhle auch mit Kinderwagen möglich

3.30 Std.
Gehzeit

Wanderkarte: Umgebungskarte 1:50 000 Pfaffenwinkel–Staffelsee oder Werdenfelser Land

12 km
Länge

Einkehrmöglichkeiten: Gasthöfe in Ettal, Gasthaus Benediktenhof, Gasthaus Ettaler Mühle

Anfahrt: Oberammergau ist Endstation der **Bahn**linie München–Oberammergau, vom Bahnhof aus geht man durch das Ortszentrum zum Ausgangspunkt (15 Min.). **Bus**anbindung von allen größeren Orten der Umgebung. Mit dem **Auto** die Autobahn A 95 München–Garmisch bis zum Ende und weiter auf der B 2. In Oberau rechts abbiegen und auf der B 23 über Ettal nach Oberammergau Richtung Zentrum. Großparkplatz »Ortsmitte« neben der Ammer, Anfahrt beschildert.

Ausgangspunkt unserer Wanderung ist die **Oberammergauer Pfarrkirche.** Wir gehen auf der Ettaler Straße zum Ortsrand, bis wir auf das Schild »Ettal Vogelherdweg« stoßen, wandern um eine kleine Wohnsiedlung herum und queren die Hauptstraße Richtung Berg. Dort haben die Oberammergauer ein geteertes Weglein

neben der Straße angelegt, das bis zum Beginn eines Busch- und Baumbestandes reicht. Ein kleiner, fast versteckter Steig führt nach oben zur **Bärenhöhle** (20 Min.). (Wer sich den Aufstieg sparen will, kann auch unten an der Straße entlang gehen.) Man sagt, die Höhle hätte früher einen Gang bis hinauf zum Laber ge-

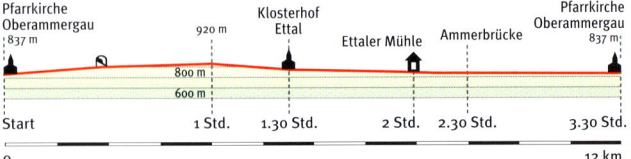

Pfarrkirche Oberammergau 837 m · 920 m · Klosterhof Ettal · Ettaler Mühle · Ammerbrücke · Pfarrkirche Oberammergau 837 m · 800 m · 600 m

Start · 1 Std. · 1.30 Std. · 2 Std. · 2.30 Std. · 3.30 Std.

0 · 12 km

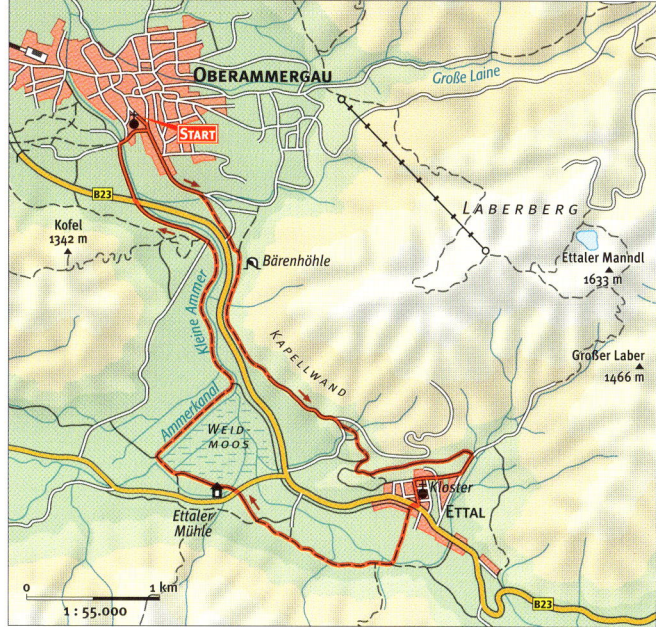

OBERAMMERGAU

Große Laine

START

B23

Kofel
1342 m

L A B E R B E R G

Bärenhöhle

Ettaler Manndl
1633 m

K A P E L L W A N D

Großer Laber
1466 m

Kleine Ammer

Ammerkanal

W E I D
M O O S

Kloster
ETTAL

Ettaler
Mühle

0   1 km

B23

1 : 55.000

habt. Den sollen Bären benutzt haben, um sich nach einem Raubzug auf die Herden der Oberammergauer schnell wieder in Sicherheit zu bringen.

Von der Höhle aus steigen wir in steilem Zickzack wieder hinunter zur Straße. Unser Fußweg läuft die nächsten paar hundert Meter direkt neben der Hauptstraße an der Kapellwand entlang. In den weißen Kalkfelsen sind viele kleine Nischen eingehauen, in denen früher Heiligenfiguren standen. Die Fuhrleute hatten sie aufgestellt und beteten hier um Beistand, ehe sie den Weg über den steilen Ettaler Berg wagten. In einer einzigen Nische ist noch ein Andachtsbild: Eine Rosenkranzmadonna blickt etwas verstaubt und fast traurig auf die vorbei rasenden Autos. Niemand nimmt sich mehr Zeit und Muße zu einem kurzen Ver-

weilen. Unser Weg wendet sich langsam von der lärmenden Straße ab, steigt schwach an und mündet auf den Wendeplatz einer Forststraße, die wir nun entlang wandern. Sie trifft bald auf eine zweite, die vom Berg herkommt. Wir bleiben noch etwa 30 m auf unserer Straße und biegen dann links in den schmalen **Weg nach Ettal** ein. Er schlängelt sich durch den Wald und führt in Kirchturmhöhe über dem Klosterdorf ins Freie (1 Std.). Man könnte sofort nach unten steigen und wäre in 5 Min. im Klosterhof. Es lohnt sich aber, auf dem Panoramaweg zu bleiben und am Kloster entlangzugehen. Vor allem für Fotografen ist das reizvoll, denn der Weg eröffnet Blicke auf das Kloster, die nicht jeder vor die Linse bekommt. Er führt ziemlich eben den Hang entlang, links und rechts sind Viehweiden oder Buschwerk. Es ist

Kloster Ettal

immer wieder überraschend, wie sich der Blick auf die Klostergebäude von Schritt zu Schritt ändert. Schließlich treffen wir auf den Weg, der vom Tal zum Ettaler Manndl hinaufführt. Diesen gehen wir hinunter, wenden uns unten am Talboden wieder nach rechts und folgen der Straße, die genau zwischen Berg und Kloster angelegt ist. Ein Schild »Klosterkirche« weist uns dann in den Hof des **Klosters** (1.30 Std.).

Nach einer Brotzeit in einer der vielen Wirtschaften, die es trotz des gewaltigen Andrangs immer noch schaffen, gute Qualität und schnelle Bedienung zu bieten, wandern wir weiter. Wir überqueren die B 23 und gehen, das Hotel Kaiser Ludwig der Bayer rechts liegen lassend, zwischen den Häusern hindurch bis zu einem Wiesenweg am Waldrand (»Geißenbachquellen, Ettal, Linderhof«). Wir biegen rechts ab und kommen in etwa 20 Min. zum **Gasthaus Benediktenhof** (1.50 Std.), nach weiteren 10 Min. sind wir bei der **Ettaler Mühle** (2 Std.). Ihr Mühlrad dreht sich zwar noch, doch ist sie heute eine berühmte Ausflugswirtschaft mit gemütlichem Biergarten.

Vor der Mühle überqueren wir den **Ammerkanal** und gehen eine halbe Stunde am Kanalufer entlang durch das **Ammermoor** bis zur Brücke über die Ammer (2.30 Std.). Das Moor, Weidmoos genannt, steht seit 1982 unter Naturschutz. Es ist ein Flachmoorgebiet mit einer einzigartigen Pflanzenwelt, deren Blühen man vom ersten Frühjahr bis in den späten Herbst hinein beobachten kann.

Beide Ammerdämme führen jetzt nach Oberammergau zurück. Wir empfehlen den linken Damm, denn da fahren nicht gar so viele Radler. Auf der linken Seite stehen Büsche, dennoch ergeben sich immer wieder Durchblicke auf die Moorlandschaft und die Berge im Hintergrund. Je nach Jahreszeit lassen sich Binsen, Wollgras, Mehlprimeln, Schwertlilien oder das Herzblatt entdecken. Bleiben Sie bitte am Weg, auch wenn die Blumen noch so locken. Abgesehen davon, dass Sie sehr schnell bis über die Knöchel im Sumpf stecken können, ist der Moorboden extrem empfindlich. Ein paar unbedachte Schritte abseits des Weges können seltene Pflanzen unwiederbringlich zerstören. Nach einer Stunde Moorwanderung sind wir dann wieder in **Oberammergau** (3.30 Std.).

Blick über drei Täler

Von der Ettaler Mühle zur Notkarspitze

Die Notkarspitze ist der östlichste Gipfel der Ammergauer Alpen. Wir schlagen eine Rundwanderung über den Gipfel vor, bei der man den steilsten Teil des Weges am Morgen geht, wenn man viel Schatten findet und noch ausgeruht ist.

DIE WANDERUNG IN KÜRZE

+++
Anspruch

5.30 Std.
Gehzeit

1050 m
An-/Abstieg

Charakter: anspruchsvolle Ganztageswanderung auf Bergpfaden und Wanderwegen, die beim Aufstieg Kondition und Trittsicherheit fordert, aber auch für nicht völlig schwindelfreie Wanderer geeignet ist

Wanderkarte: Umgebungskarte 1:50 000 Werdenfelser Land

Einkehrmöglichkeiten: keine

Anfahrt: Die **Bus**linien 1084 und 9606 Garmisch–Oberammergau halten in Ettal. Busfahrer legen die kleine Talwanderung, die für den Abend vorgesehen ist, auf den Morgen. Mit dem **Auto** die Autobahn A 95 München–Garmisch bis zum Ende und weiter auf der B 2 bis Oberau. Rechts abbiegen und über Ettal ins Graswangtal. An der Ettaler Mühle ist hinter dem Haus ein großer Parkplatz für Wanderer. (Der Platz vor der Mühle ist für die Gasthausbesitzer reserviert.)

Unser Weg beginnt bei der **Ettaler Mühle,** auf der anderen Seite der Straße, genau gegenüber vom Parkplatz. Fast von Anfang an müssen wir in steilem Zickzack aufsteigen. Der Pfad ist durchweg gut beschattet, und der feuchte Morgenwald gibt viel Kühle ab, so dass man selbst im Hochsommer nicht allzu sehr ins Schwitzen kommt. Solche steilen, mit Schrofen durchwachsenen Berghänge sind typische Rückzugsgebiete für das Wild. Wenn Sie ein wenig leise sind, kann es gut passieren, dass Ihnen ein Rehbock zusieht, wie Sie sich aufwärts plagen.

Nach einer guten Gehstunde wird der Weg etwas flacher, nach einer weiteren Stunde erreichen wir die Quellen des Großkargrabens am unteren Rand des öden Notkars (2 Std.). Hier können wir Rast machen und das Kar mit dem Fernglas durchmustern. Im Juni oder Juli lassen sich die Gamsrudel mit den Kitzen beobachten, die mit wilden, ausgelassenen Bocksprüngen ihre Kräfte erproben. Da vergeht die Zeit schneller, als uns lieb ist, denn wir haben noch ein ziemliches Stück Weg vor uns. Der Pfad biegt nach rechts ab, führt am Rand des Kars auf den Grat und über diesen auf den **Gipfel** (3 Std.).

Der Weg auf die Notkarspitze ist zu allen Jahreszeiten schön. Am eindrucksvollsten ist er an einem feucht-grauen Nebeltag im späten Herbst. Die Täler, das Graswangtal im Westen, das Ammermoor nördlich von Oberammergau und das Loisachtal sind mit weißen Schwaden gefüllt, die sich im Wind leicht bewegen. Aus diesem Gewoge ragen Bergspitzen auf: Im Süden gewaltig und groß das Wettersteinmassiv mit der Alpspitze und der Zugspitze, davor der dunkle Kramer (Tour 21), den die geschäftstüchtigen Garmischer mit Bergbahnen verschonen müssen, weil er im Naturschutzgebiet liegt. Gegenüber, nur durch das Graswangtal getrennt, zieht sich die Kette der nördlichen Ammergauer Alpen, vom Kofel (Tour 15) bei Oberammergau über den Pürschling, den Brunnenkopf (Tour 19) und die Scheinbergspitze (Tour 20), und weit im Hintergrund leuchten die Berge um Füssen auf. Im Osten über dem Loisachtal liegt das nahezu unberührte Estergebirge. Direkt davor ragt das kleine Ettaler Manndl (Tour 16) aus dem Bergwald, ein Felsgipfel, an dem die Buben aus der Umgebung von Oberammergau seit Jahrzehnten ihre ersten Kletterkünste erproben. Wenn die Sonne den Nebel auflöst, tauchen langsam Oberammergau, Ettal und Garmisch-Partenkirchen ins Licht.

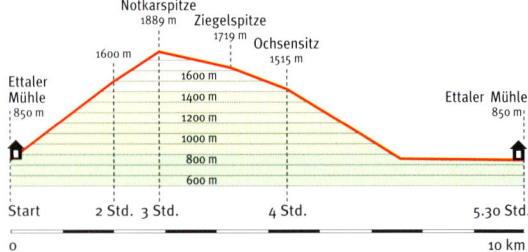

Der Abstieg ist einfach und vom Gipfel aus gut zu sehen. Wir wandern auf dem langen Grat, der sich genau von Osten heraufzieht, über zwei kleinere Gipfel nach unten. Die **Ziegelspitz,** noch im Schrofengelände, erreichen wir in einer knappen halben Stunde (3.30 Std.). Zum **Ochsensitz,** der schon unter der Baumgrenze liegt, brauchen wir nochmals gut 30 Min. (4 Std.). Auf beiden Gipfeln steht ein Kreuz. Ganz knapp hinter dem Ochsensitz zweigte früher links ein steiler Weg nach unten ab, der noch in vielen Karten als Wanderweg eingezeichnet ist. Dieser Weg wird neuerdings nicht mehr instand gehalten, er ist gesperrt. Bitte benutzen Sie ihn nicht, er führt durch extrem gefährliches Schrofengelände.

Nach gut 2 Std. erreichen wir eine Bergstraße, die rasch in den **Ettaler Sattel** (5 Std.) führt. Hier parken die Bergsteiger, die den Weg von der anderen Seite her gehen. Von dort gehen wir am Waldrand in einer halben Stunde zur **Ettaler Mühle** (5.30 Std.) zurück, machen vielleicht im Wirtsgarten ausgiebig Brotzeit und haben einen schönen Tag genossen.

Von der Notkarspitze eröffnet sich ein herrlicher Blick auf das Wettersteinmassiv

Über dem Königsschloss

Von Linderhof zum Brunnenkopf

Noch vor gut 150 Jahren waren die Berge hinter Graswang königliches Jagdrevier, den Herrschern und ihren Gästen vorbehalten. Heute drängen sich in Schloss Linderhof die Massen, doch auf den Bergen ist man mit der Natur ganz allein.

DIE WANDERUNG IN KÜRZE

++
Anspruch

6 Std.
Gehzeit

800 m
An-/Abstieg

Charakter: einfache, aber Ausdauer erfordernde Tageswanderung meist auf Bergpfaden, die letzten Meter zum Brunnenkopfgipfel ein wenig ausgesetzt.

Wanderkarte: Umgebungskarte 1:50 000 Pfaffenwinkel–Staffelsee oder Werdenfelser Land

Einkehrmöglichkeiten: Pürschlinghaus (ganzjährig geöffnet), Brunnenkopfhäuser (nur im Sommer bewirtschaftet)

Anfahrt: Der **Bus** 9622 von Oberammergau fährt mehrmals täglich nach Linderhof. Mit dem **Auto** die Autobahn A 95 München–Garmisch bis zum Ende und weiter auf der B 2 Richtung Garmisch-Partenkirchen. In Oberau rechts abbiegen und hinter Ettal den Wegweisern zum Schloss Linderhof folgen. Parken auf dem Besucherparkplatz (gebührenpflichtig), am besten links hinten.

Unser Weg beginnt an der Westseite des riesigen Parkplatzes von **Schloss Linderhof**. Er ist zuerst mit »Brunnenkopf, Feigenkopf, Klammspitze« bezeichnet, doch schon nach ein paar hundert Metern erreichen wir eine Abzweigung und folgen rechts dem Weg Nr. 232 Richtung Pürschling. Wir gehen am oberen Zaun des Schlosses vorbei und überqueren schließlich eine Forststraße (15 Min.). Im lichten Bergwald wird der

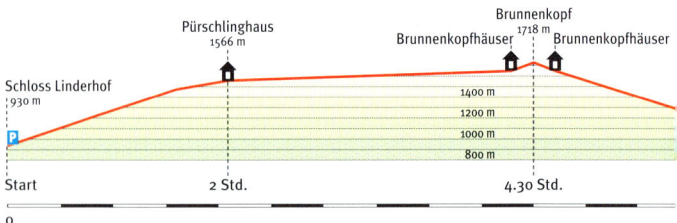

Schloss Linderhof

Weg steiler, wir kreuzen eine zweite Forststraße. Im Süden taucht langsam die Zugspitze auf, zwischen den Bäumen blicken wir hinunter zum Graswangtal. Bei der Quelle des **Käl-** **beralpgrabens** (1.45 Std.) stoßen wir auf den Höhenweg, der uns später zum Brunnenkopf führt. Die Viertelstunde zum **Pürschlinghaus** (2 Std.) sollte man sich ruhig nehmen, es ist die erste Einkehrmöglichkeit.

Vom Pürschlinghaus aus gehen wir auf dem Höhenweg E4 etwas oberhalb unseres Aufstiegsweges am Latschenkopf vorbei immer in gleicher Höhe Richtung Westen. Wir wandern unter der ganzen Gipfelgalerie der nördlichen Ammergauer Berge vorbei: Vom Teufelstättkopf über den Hennenkopf zum Dreisäulerkopf. Bis zu den **Brunnenkopf-**

Schloss
Linderhof
930 m

🅿

6 Std.

15 km

81

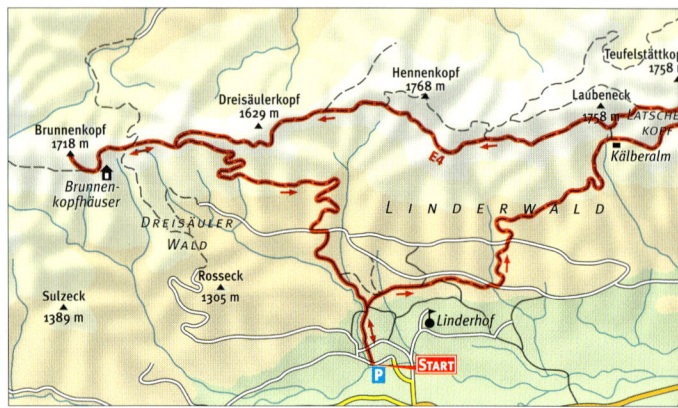

häusern brauchen wir noch einmal gute zwei Stunden (4 Std.). Von dort steigen wir gemächlich in einer halben Stunde auf den **Brunnenkopf** (4.30 Std.). Das letzte Stück des Weges vor dem Gipfel ist etwas schmal.

Der Gipfel bietet eine umfassende Sicht auf die östlichen Ammergauer Berge. Im Norden liegen die großen Jagdreviere des Ammergaus, die Trauchgauer Berge, im Westen als Eckpfeiler über dem Graswangtal die Scheinbergspitze (Tour 20) und im Süden die ganze Kette der südlichen Ammergauer Alpen von der Notkarspitze (Tour 18) bis zur Kreuzspitze und den Geierköpfen, dahinter unübersehbar das Wettersteinmassiv mit der Zugspitze.

Nach dem Rundblick wandern wir zu den Brunnenkopfhäusern zurück (4.45 Std.). Wenn wir hier einkehren, sind wir auf königlichem Boden, denn es sind ehemalige Jagdhäuser der bayerischen Herrscher. Heute gehören sie der Alpenvereinssektion Bergland. Auf dem mit »Linderhof« bezeichneten Weg wandern wir ins Tal hinunter. Obwohl es kein Fahrweg ist, hat man ihn ungewöhnlich breit und solide angelegt, wenn er auch an manchen Stellen durch kleine Erdrutsche etwas enger geworden ist. Offensichtlich ist er ziemlich alt. Die Lösung des Rätsels: Es ist ein Reitweg, den sich die Wittelsbacher haben anlegen lassen, um bequem zu Pferde zu ihren Jagdrevieren am Brunnenkopf zu gelangen. Man kann kaum vom Weg abkommen. Aufpassen müssen Sie nur beim Queren der oberen Forststraße, hier ist der Weiterweg etwas versteckt. In einer guten Stunde sind wir wieder unten am **Parkplatz** (6 Std.) und haben sicher noch Zeit, durch den Schlosspark zu wandern oder gar eine Besichtigung mitzumachen.

Ein königliches Refugium

Lange haben die Kunsthistoriker das vom bayerischen König Ludwig II. erbaute Schloss Linderhof als puren Kitsch abgetan. Die vielen Millionen Besucher, die sich durch die ursprünglich dem König allein vorbehaltenen Räume drängen, haben sich davon nie beeindrucken lassen. Erst in den letzten Jahren beginnt

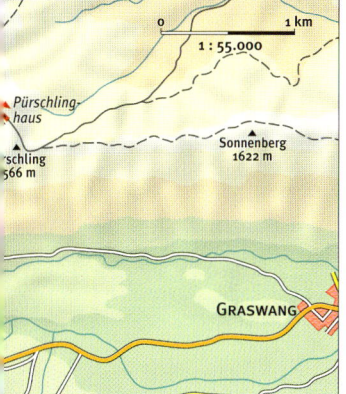

man, diesen verspäteten Rokokostil ernst zu nehmen und als eigene Kunstrichtung einzuordnen. Schließlich hat man erkannt, dass das Beharren des königlichen Auftraggebers auf höchster Perfektion sowohl dem damals nicht eben blühenden Kunsthandwerk neue Impulse gab als auch die Technik ein gutes Stück vorantrieb. Für die elektrische Beleuchtung der Venusgrotte baute Werner von Siemens einen der ersten Stromgeneratoren der Welt, die Farbeffekte wurden durch Gläser erzielt, die eigens in den Laboratorien der Glashütten entwickelt wurden. Die Handwerker mussten lernen, mit den neuen Materialien und Bedingungen umzugehen.

Der bayerische König Max II. besaß im Graswangtal ein Jagdhaus, den Linderhof. Seinem Thronfolger Ludwig war die Gegend daher von Jugend auf wohl vertraut. 1869 begann er mit dem Bau von Schloss Linderhof. Es sollte weniger der Repräsentation dienen als ihm Wohnung und Zufluchtsort sein. Er beauftragte den Architekten Georg von Dollmann mit der Errichtung eines kleinen, intimen Hauses nach fran-

zösischem Vorbild. Zehn Jahre wurde in diesem entlegenen Gebiet gearbeitet, gebaut, wieder abgerissen und neu aufgebaut. Der König kümmerte sich um jedes Detail. Was ihm nicht gefiel, wurde verworfen, musste neu, besser gemacht werden. Die Einrichtung erinnert an den Sonnenkönig Ludwig XIV., das große Vorbild des bayerischen Regenten. Bourbonenlilie und Sonnensymbolik sind in fast allen Räumen zu finden. Der Psyche des menschenscheuen Königs entsprechen die nach innen ausgerichteten Räume. Einzig das königliche Prunkschlafzimmer öffnet sich nach außen, zur großen Wasserkaskade, die an heißen Sommertagen merklich Kühle spendet. Die Besucherattraktion ist das berühmte »Tischlein-deck-dich« im Speisezimmer. Der Tisch wurde in der darunter liegenden Küche gedeckt und über einen mechanischen Aufzug nach oben gefahren. So blieb der König während des Essens ungestört.

Der von Karl von Effner geplante Landschaftspark um das Schloss geht in die umgebende Natur über. Darin steht der maurische Kiosk, ein im arabischen Stil erbautes Gebäude aus Gusseisen, das ursprünglich ein böhmischer Gutsbesitzer in Auftrag gegeben hatte. Ludwig kaufte es auf der Pariser Weltausstellung 1867. Die Venusgrotte ist eine künstliche Höhle, die zum Teil in den Berghang hinein gegraben ist. Sie sollte als Theaterkulisse dienen und den König auf seinem Thron in das gespielte Geschehen mit einbeziehen. Vorbild war die Blaue Grotte von Capri, vor allem aber der Palast der Venus aus der Tannhäusersage.

Ein stiller Gipfel über dem Wald

Vom Graswangtal auf die Scheinbergspitze

Die Scheinbergspitze liegt wie ein Sperr-Riegel über dem Graswangtal, in dessen Wäldern die Hirsche und Gämsen bis heute ungestört leben. Der Weg, der über einen Südhang führt, ist auch für
sonnige Wintertage zu empfehlen.

DIE WANDERUNG IN KÜRZE

++
Anspruch

Charakter: einfache Ganztageswanderung auf Berg-
wegen ohne ausgesetzte
Stellen

5 Std.
Gehzeit

Wanderkarte: Umge-
bungskarte 1:50 000 Wer-
denfelser Land

850 m
An-/Abstieg

Einkehrmöglichkeiten:
keine

Anfahrt: Mit öffentlichen
Verkehrsmitteln ist der
Ausgangspunkt nicht
erreichbar. Mit **Auto** auf
der Autobahn A 95 Mün-

chen–Garmisch zum Ende
und weiter auf der B 2. In
Oberau rechts ab und über
Ettal ins Graswangtal. Man
passiert die Abzweigung
zum Schloss Linderhof,
überquert nach etwa 3 km
den Linderbach und
kommt nach weiteren 3 km
an einen großen Holzlagerplatz, in den rechts eine
Forststraße einmündet
(die erste nach der Bach-
brücke). Hier kann man
das Auto abstellen.

Vom **Parkplatz** wandern wir
zunächst den Forstweg entlang. Erst
bei der zweiten Serpentine findet
sich zu unserer Beruhigung ein Wegweiser des Alpenvereins: »Scheinbergspitze«. Der kleine Steig biegt
nach oben ab und führt in ständigem
Zickzack am Bachrand aufwärts. Er
ist angenehm zu gehen, denn der

Wald hält die Sonne ab, so dass wir
nicht zu sehr ins Schwitzen kommen. Wir durchqueren einen gewaltigen Windbruch, der weitgehend
aufgeräumt und wieder aufgeforstet
ist. Nach knapp 2 Std. erreichen wir
an der **Stocklahne** die Waldgrenze,
die hier wie überall in den Nordalpen
bei etwa 1600 bis 1700 Höhenme-

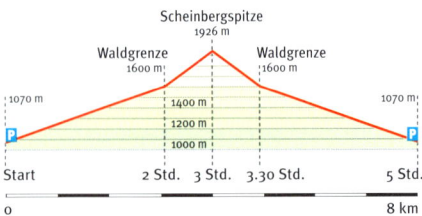

84

tern liegt. Ein Bankerl lädt zu einer Brotzeit ein. Dann führt der Weg, steiler als bisher, durch Latschenfelder gerade auf den **Gipfel** zu (3 Std.).

Weil die Scheinbergspitze sich wie eine Sperrburg in das Graswangtal legt, erlaubt der Gipfel eine prächtige Rundsicht. Tief unter uns liegt Linderhof, das Traumschloss des einsamen bayerischen Königs Ludwig II. Weit im Hintergrund glänzt rechts neben dem Laberrücken (Tour 16) die Kuppel der Ettaler Klosterkirche. Im Süden ragt die Zugspitze zwischen der Kreuzspitze und den Geierköpfen auf. Den Westen dominiert die Hochplatte, die man sowohl vom oberen Graswangtal als auch vom Füssener Land her besteigen kann. Im Hintergrund dazwischen reihen sich die Lechtaler Berge auf, der charakteristische Hochvogel aus den Allgäuer Alpen überragt sie alle.

Für die Mittagsrast bietet sich der grasbewachsene Sattel zwischen Gipfel und Vorgipfel an. Hier bläst der Wind nicht so stark wie weiter oben, und im Gras liegt man sehr viel besser als auf den harten Gipfelfelsen. Ins Tal gehen wir (ausnahmsweise) den gleichen Weg zurück,

den wir gekommen sind. Die beiden anderen Wege, die nach Nordosten und nach Nordwesten vom Gipfel ins Tal führen, sind zum Teil mit Kletterei verbunden. Sie ist zwar nicht schwer, aber für Bergwanderer nicht so ganz geeignet. Überdies wären beide Wege mit einem recht langweiligen »Talhatscher« auf der belebten Autostraße verbunden – sicher kein Vergnügen. Nach knapp 2 Std. sind wir wieder zurück am **Parkplatz** (5 Std.).

Gelber Enzian

Tour 21

Wandern im Naturschutzgebiet

Von Garmisch auf den Kramer

Mons gramineus, den mit Gras bewachsenen Berg, nannten die Römer auf ihrem Weg von Mittenwald nach Augsburg einen Berg über der Loisach. Später sprach man vom Gramer. Heute nennen wir ihn Kramer und schätzen ihn als Wanderberg.

DIE WANDERUNG IN KÜRZE

+++
Anspruch

8 Std.
Gehzeit

1350 m
An-/Abstieg

Charakter: hochalpine Ganztageswanderung, die Trittsicherheit, Ausdauer und Schwindelfreiheit erfordert; für Kinder nur bedingt geeignet

Wanderkarte: Umgebungskarte 1:50 000 Werdenfelser Land

Einkehrmöglichkeit: Stepbergalm

Anfahrt: Garmisch-Partenkirchen liegt an der **Bahn**linie München–Innsbruck und ist auch mit dem **Bus** von allen größeren Orten der Umgebung gut erreichbar. Mit dem **Ortsbus** fährt man in die Maximilianstraße zur Haltestelle bei der Firma Geigerplastik und geht dann zu Fuß zum Ausgangspunkt der Wanderung (ca. 10 Min.). Mit dem **Auto** über die Autobahn A 95 München–Garmisch und weiter auf der Bundesstraße B 2 Richtung Fernpass. An der Ampel vor der Loisachbrücke im Zentrum des Ortsteils Garmisch rechts in die Loisachstraße und Maximilianstraße, an den Sportplätzen vorbei bei der Straßengabel rechts aufwärts zur Maximilianshöhe und wenn möglich am ersten Parkplatz gleich nach der Kurve rechts das Auto abstellen.

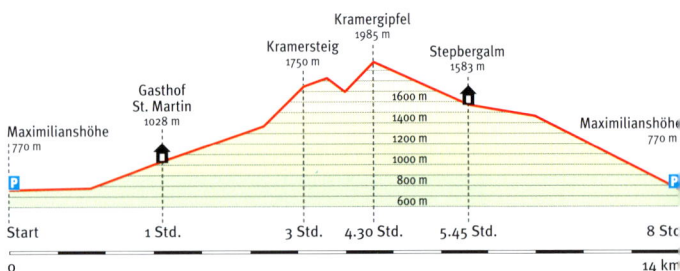

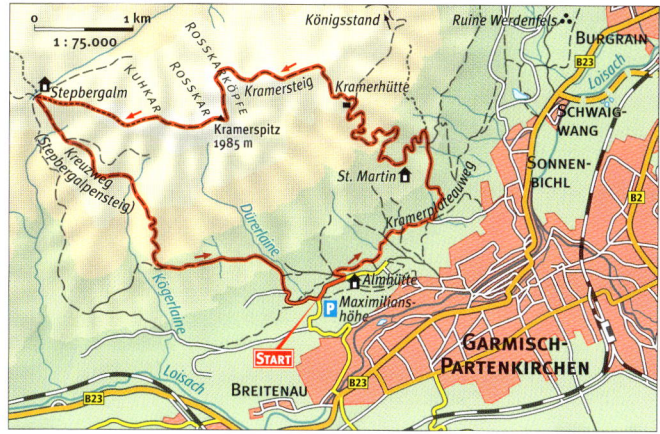

Vom **Parkplatz an der Maximiliens-höhe** wandern wir die Teerstraße weiter zum Gasthof **Almhütte,** biegen dort links ab, um schon nach ca. 50 m rechts in den **Kramerplateau-weg** einzuschwenken. Praktisch eben geht es jetzt gut 15 Min. diesen Spazierweg entlang, dann wird es ernst: Ein aufwendig geschnitzter Wegweiser schickt uns nach links Richtung »St. Martin, Kramer, Königsstand« den Berg hinauf. Auf einer schattigen, breiten Bergstraße steigen wir aufwärts, passieren die Abzweigung zum Pflegersee und gehen bei einer Wegegabel links zum **Gasthof St. Martin.** Auch wenn wir nicht einkehren wollen, sollten wir der Aussicht wegen diesen kleinen Abstecher machen (1 Std.). Der Blick über Garmisch-Partenkirchen und das Werdenfelser Land ist berühmt, man kann sich denken, dass dies ein außerordentlich beliebtes Ausflugsziel für die Garmischer Kurgäste ist!

Wir brauchen nicht zur Abzweigung zurück, hinter dem Gasthof gibt es rechts einen Weg, der gleich oberhalb wieder in unseren Wander-weg mündet. Jetzt wird der Weg schmäler und steiler, eine Holzbrücke hilft uns, an den Ausläufern der Schwarzen Wand vorbeizukommen. Wenig später kommen wir bei einer Gedenktafel an eine kleine eiserne **Aussichtsplattform,** die zu einer kurzen Schaurast einlädt. Warum man diesen etwas kuriosen Balkon vor fast 100 Jahren gebaut hat, weiß heute niemand mehr zu sagen. Der Blick vom Weg ins Tal ist genau der gleiche wie vom Ende des kurzen Steges!

In steilen, manchmal etwas ausgesetzten Serpentinen steigen wir weiter. Bei einer Rechtskurve müssen wir aufpassen, hier zweigt links der Weg auf den Kramer als schmaler Steig ab (2.15 Std.). Ein Wegweiser markiert die Stelle. Der breitere Weg rechts führt auf den Königsstand, einen dem Kramer vorgelagerten Aussichtsgipfel. Wir wandern an der verfallenen **Kramerhütte** vorbei, von der man inzwischen nur mehr die Grundmauern sieht. Jetzt wird der Weg schmal und leider auch sehr sonnig, denn wir haben die Baumgrenze überstiegen. Durch Rinnen und über Schrofen klettern wir nach oben, Drahtseile müssen gelegentlich helfen, steile Stellen zu überwinden. Dann, fast überraschend, ist der Spuk vorbei, wir stehen auf dem langen, teils mit dichtem Gras bewachsenen **Grat,** der sich von den Rosskarköpfen bis zum Königsstand hinzieht (3 Std.).

Von hier aus sieht man zwei Bergkreuze: Das am Mittergern unter dem Katzenkopf, und, ein Stück höher, das Kramer Gipfelkreuz, unser Ziel. Wir wandern nach links über den Grat und steigen, nun aber weniger angestrengt, über Schrofen und zum Teil mit Drahtseil gesicherten Felspartien auf den **Katzenkopf.** Das ist ein unscheinbarer Gipfel im Kramergrat, der eigentlich nur deswegen auffällt, weil wir danach ein gutes Stück abwärts steigen müssen, um ein Kar zu durchqueren. Dieses fällt nach Norden hin ab und ist so steil, dass hier sogar um die Mittagszeit meist Schatten herrscht. Das erleichtert das Steigen erheblich. Trotzdem muss man sehr aufpassen, denn der Weg an der Bergflanke ist sehr ausgesetzt. Die gut 100 Höhenmeter, die wir in die Rinne abgestiegen sind, müssen wir auf der anderen Seite wieder hinauf und noch ein gutes Stück weiter, doch dann sind wir fast am Ziel. Wir wenden uns nach links und queren auf einem mit Gras bewachsenen Grat zum **Gipfel des Kramer** hinüber (4.30 Std.).

Was wir schon beim Aufsteigen geahnt haben, zeigt sich jetzt: Der Kramer ist ein wunderbarer Aussichtsgipfel. Direkt uns gegenüber, zum Greifen nahe, liegt das Wetterstein mit der zackigen Dreitorspitze, der Alpspitze, die als gleichmäßige Pyramide erscheint, und natürlich der Zugspitze, dem höchsten Berg Deutschlands. Die vielen Gipfelbau-

ten kann man mit dem bloßen Auge gut erkennen. Über dem Eibsee steht die ebenmäßige Sonnenspitze aus der Gruppe der Mieminger Berge, dann folgt das Loisachtal und der Daniel am Eingang zum Ehrwalder Kessel. Über der Senke der Stepbergalmen liegt der Hohe Ziegspitz, auf den nur Jägersteige führen, rechts im Hintergrund steht die Friederspitz und der Windstierlkopf. Notkarspitze (Tour 18), Laber und Ettaler Manndl (Tour 16) führen uns in das nördliche Loisachtal, das vom Estergebirge mit Fricken (Tour 23) und Wank (Tour 22) beherrscht wird. Den Gipfelreigen beendet im Hintergrund das Karwendel über den sanften Hügeln des Kranzberges (Tour 24 und Tour 27).

Der Abstieg vom Gipfel beginnt ziemlich genau in westlicher Richtung. Zunächst geht es steil abwärts, hier muss man sehr aufpassen, damit man auf dem Geröll nicht ins Rutschen kommt. Am oberen Ende des **Rosskar** vorbei passieren wir eine Felswand. Hier hängt der Weg nach außen ab, ein Drahtseil hilft, diese Stelle zu sichern. Eine gute Viertelstunde dauert diese Krabbelei in den Felsen, dann beginnt die Latschenregion. Wir gehen ein Stück fast eben durch diese nadeligen Büsche, bis weit unten die Wiesen der Stepbergalmen auftauchen. Jetzt wird der Weg nochmals steil, aber er ist nicht mehr schwierig, dann haben wir die **Stepbergalm** erreicht (5.45 Std.).

Wer früh genug aufgestanden ist, kann hier Mittagsrast machen. Bereut haben wir das noch nie. Natürlich gibt es auf der Alm keine *nouvelle cuisine*, aber der Wurstsalat oder der Kaiserschmarrn, den die Sennerin blitzschnell herbeizaubert, ist einsame Spitze, die Radlermaß

Garmisch-Partenkirchen, neue Pfarrkirche St. Martin

schmeckt hier köstlicher als andernorts der Champagner.

Für den Abstieg wählen wir den **Kreuzweg**, denn er zieht sich zuerst hoch oben an den Felsabstürzen des Kramer entlang und lässt uns nochmals weit ins Land schauen. Auf der Karte heißt dieser Weg »Stepbergalpensteig«, aber so sagt hier niemand. Sein Name stammt nicht etwa von einem Kreuz am Weg, er trägt ihn, weil der Weg mehrere Bergrücken, die sich vom Kramer ins Tal ziehen, kreuzt. Der schmale Steig beginnt direkt an der Tür des kleinen Wirtsgartens vor der Alm und führt zuerst über die Wiesen und dann in den lichten Wald. Hier oben wachsen hauptsächlich Föhren, die größten Exemplare sind mehr als 100 Jahre alt, herrliche gesunde Bäume, die noch viele Jahre Wind und Wetter trotzen werden.

Ein wenig müssen wir noch auf und ab steigen, aber nach der Rast auf der Alm fällt das nicht allzu schwer. An der **Kögerlaine** (6.30 Std.), einem Wassergraben, benutzen wir nicht den verführerischen Abkürzer rechts, sondern den zwar etwas mühsameren, aber einfacheren Weg ein paar Meter höher. Dann geht es steil und endgültig durch den Bergwald nach unten. Hier tun Teleskopstöcke zur Entlastung der Knie recht gute Dienste. Wenn wir den nächsten Bach erreicht haben, liegt das steilste Stück hinter uns. Der Weg wird breiter und flacher, man merkt, dass er gelegentlich zur Holzabfuhr benutzt wird. Der dritte Bach, auf den wir stoßen, ist die **Dürerlaine.** An seinem rechten Ufer entlang laufen wir abwärts, wenden uns aber bei einer Weggabel rechts vom Bach weg. Ein kurzes Stück unterhalb stoßen wir auf eine mit feinem Schotter bedeckte **Straße.** Wir folgen ihr nach links, überqueren den **Kramerplateauweg,** der hier die Straße kreuzt, und kommen direkt am **Parkplatz** zum Ausgangspunkt zurück (8 Std.)

Die Sonnenterrasse

Vom Wank nach Garmisch

Wenn der Herbst die Täler im dichten Nebel versinken lässt oder wenn am Abend in Garmisch schon längst die Straßenlaternen brennen, dann kann man damit rechnen, dass oben am Wank immer noch die Sonne scheint.

DIE WANDERUNG IN KÜRZE		
+ Anspruch	**Charakter:** einfache Halbtageswanderung auf Bergpfaden und Almstraßen bergab	der Umgebung gut erreichbar. Vom Bahnhof aus kann man mit dem **Ortsbus** direkt zur Wankbahn-Talstation fahren. Mit dem **Auto** über die Autobahn A 95 München–Garmisch und die Bundesstraße B 2 nach Garmisch-Partenkirchen in den Ortsteil Partenkirchen. Etwa auf der Höhe des Friedhofs nach links zum Parkplatz der Wankbahn (beschildert).
3.30 Std. Gehzeit	**Wanderkarte:** Umgebungskarte 1:50 000 Karwendelgebirge oder Werdenfelser Land	
1050 m Abstieg	**Einkehrmöglichkeit:** Gasthaus Esterbergalm	
	Anfahrt: Garmisch-Partenkirchen liegt an der **Bahn**linie München–Innsbruck und ist auch mit dem **Bus** von allen größeren Orten	

Mit der Wankbahn ist bereits die Bergfahrt ein Genuss. Die **Talstation** liegt **am nördlichen Ende von Garmisch-Partenkirchen,** die viersitzigen Gondeln machen eine Panoramafahrt zum Ostteil des Ortes, über dem die Mittelstation steht. Hier knickt die Seilbahntrasse nach links ab (in den Gondeln sitzen bleiben), dann geht es steil bergauf zur **Bergstation.** In etwa 2 Min. gehen wir zum **Wankhaus,** unmittelbar daneben ragt das **Gipfelkreuz** des Wank auf. Hier oben steht außerdem auch

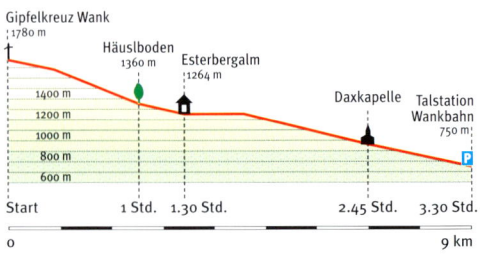

Gipfelkreuz Wank
1780 m

Häuslboden
1360 m

Esterbergalm
1264 m

1400 m
1200 m
1000 m
800 m
600 m

Daxkapelle

Talstation
Wankbahn
750 m

Start   1 Std.   1.30 Std.   2.45 Std.   3.30 Std.

0   9 km

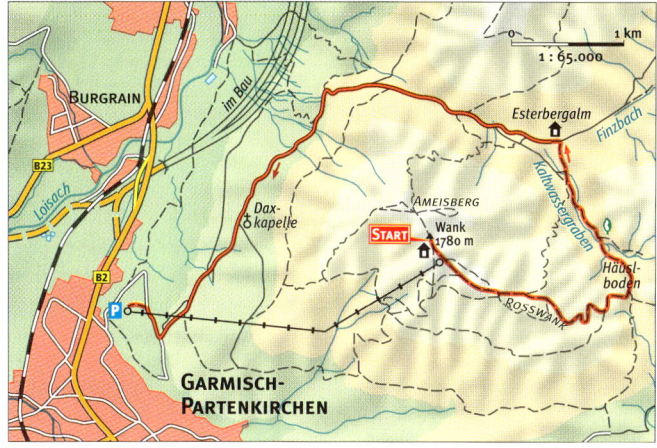

der Fernsehumsetzer, der das Werdenfelser Land mit den öffentlich-rechtlichen Programmen versorgt, sowie eine weitere größere und etwas futuristische Anlage. Sie gehört dem Fraunhofer Institut für Atmosphärische Umweltforschung und misst die Veränderungen in der chemischen Zusammensetzung der Luft. Den Fernblick stören diese Gerätschaften überhaupt nicht. Der Höhepunkt ist, wie sollte es anders sein, im Süden das grandiose Wettersteinmassiv mit der Zugspitze. Sogar mit bloßem Auge kann man ganz deutlich die Gipfelaufbauten auf Deutschlands höchstem Berg sehen. Nach Osten folgt die Pyramide der Alpspitze, über dem Reintal steht die Dreitorspitze, und daneben bauen sich über den Wäldern zwischen Eckbauer (Tour 24) und Kranzberg (Tour 27) die abweisenden Wettersteinwände auf. Tief unter uns liegt das Werdenfelser Land. Blickt man von hier oben auf Garmisch-Partenkirchen, so sieht man an der Straßenführung und an der Verteilung der Häuser recht deutlich, dass das einst zwei Gemeinden waren,

die 1936, vor den olympischen Spielen, zwangsvereinigt wurden.

Über dem Isartal steigen die Felstürme des Karwendel in den Himmel. Westliche Karwendelspitze, Wörner und Östliche Karwendelspitze sind die Highlights dieser Gebirgsgruppe, im Norden ist ihnen die Soierngruppe mit Schöttelkarspitze und Soiernspitze vorgelagert. Über den weiten Wäldern um den Kochelsee ragen die Felsen der Benediktenwand auf, dann folgt über dem Tal der Esterbergalm das Estergebirge mit Krottenkopf, Bischof und Hohem Fricken (Tour 23). Zwischen dem Laberjoch mit dem Ettaler Manndl (Tour 16) und dem Kofel (Tour 15) bei Oberammergau schauen wir weit in das Alpenvorland hinein. Die weißen Ballons in der Ferne sind die Antennen der Erdfunkstation Raisting südlich des Ammersees. Notkarspitze (Tour 18), Kramer (Tour 21) und, am Horizont, der Daniel schließen das Bergpanorama ab.

Wir beginnen unsere Wanderung am **Gipfelkreuz,** gehen an der Bergstation der Seilbahn vorbei und bleiben auf dem Weg, der ganz oben am

91

Bergrücken entlang führt. Am Startplatz für die Drachenflieger und Paraglider ist vor allem am späten Vormittag ein gewaltiger Betrieb. Man könnte den Gleitschirmfliegern mit ihren bunten Fluggeräten stundenlang zusehen, wenn sie mit einem kräftigen Leinenruck ihren Schirm in den Wind stellen, durch ein paar schnelle Schritte den Hang hinunter Auftrieb gewinnen und dann wie ein großer Vogel über dem Tal schweben.

Am Ende des flachen Bergrückens wenden wir uns nach rechts zu dem Weg, an dem die überdachten Sitzbänke stehen, und folgen diesem nach links um den kleinen **Rosswank** herum. Wir wandern unter einem Skilift hindurch und biegen nach rechts ins Tal ab, kurz bevor wir den nächsten Lift erreichen (30 Min.). Bisher sind wir oberhalb der Baumgrenze gewandert, darum bietet der Wank eine so hervorragende Aussicht. Jetzt tauchen wir langsam in den Wald ein. Zuerst steigen wir durch die Latschenzone abwärts; nur ganz wenige Fichten haben es geschafft, in dieser Höhe zu überleben. Je weiter wir nach unten kommen, umso mehr lösen Fichten die Latschen ab, bis dann auch Laubbäume wachsen können.

Im **Häuslboden**, dem Sattel zwischen Wank und Rotenkopf, bei einem uralten knorrigen Bergahorn, verzweigt sich der Weg (1 Std.), wir wenden uns nach links. Der Weg ist jetzt flacher, an einer Brücke erreichen wir den Kaltwassergraben, der direkt zur Esterbergalm führt. Kurz nach der Talstation der Skilifte, die von der Alm zum Wank hinaufführen, kann man ein eigenartiges Phänomen beobachten: Der Bach, der vorher gar nicht wenig Wasser geführt hat, verschwindet plötzlich im Un-

tergrund. Der wasserdurchlässige Kalkstein nimmt ihn auf und entlässt ihn erst wieder östlich der Esterbergalm, wo er dann Finzbach genannt wird.

Die **Esterbergalm** (1.30 Std.) gehört der Gemeinde Garmisch-Partenkirchen; der Pächter hat das Recht, sein Vieh das ganze Jahr über auf der Alm zu halten. Das ist möglich, weil der Talkessel so fruchtbar ist, dass das Gras einmal im Jahr gemäht werden kann. Der Almboden ist fast eben, nur eine kleine Bodenwelle im Westen sorgt dafür, dass das Wasser nach Osten zur weit entfernten Isar und nicht in die nahe Loisach fließt. Es wundert nicht, dass die Alm zu einer beliebten Ausflugsgaststätte geworden ist.

Nach der Rast wandern wir auf der Almstraße nach Westen, Richtung Partenkirchen. Sie führt an ein paar Marterln und an einer kleinen Wegkapelle vorbei. Wir passieren die Ausläufer des Hohen Fricken, dann senkt sich die Straße, zuerst langsam, dann immer steiler. Wir gehen hoch am Hang über dem betriebsamen Loisachtal, schauen auf Farchant und die unzähligen kleinen Heustadel inmitten der Wiesen, die für das Werdenfelser Land so charakteristisch sind.

Die Almstraße führt in großem Bogen um den Wank herum. Wir überqueren einen Bach und erreichen schließlich die **Daxkapelle** (2.45 Std.). Sie heißt eigentlich »Kapelle Unseres Herrn in der Daxen« und wurde 1852 von dem Partenkirchner Schäfflermeister Ignaz Lidl erbaut (Daxen sind Tannen- oder Fichtenzweige). In dem neubarocken Altar der Kapelle stehen ein Auferstehungschristus, der Bauernheilige Leonhard und der hl. Antonius von Padua, den die Bürger von

Blick vom Wank auf Alpspitze und Zugspitze

Partenkirchen immer besonders verehrten. Nach der Kapelle passieren wir die Holzplätze der Partenkirchner Bauern und gehen unter den Seilen der Wankbahn durch bis zur **Wasserversorgungsanlage** von Partenkirchen. Hier biegen wir in spitzem Winkel rechts in die untere Straße ab und können unter der Seilbahn auf den getrampelten Wegen direkt zur **Talstation** zurückkehren (3.30 Std.).

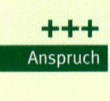

Hoch über dem Loisachtal

Von Farchant auf den Hohen Fricken

Das Estergebirge fällt so schroff und steil zum Loisachtal ab, dass man sich begehbare Wege durch diese Wände und Schrofen überhaupt nicht vorstellen kann. Trotzdem gibt es einen, er bringt uns zwar steil, aber ohne Probleme durch die Felsabstürze.

DIE WANDERUNG IN KÜRZE		
+++ Anspruch	**Charakter:** anspruchsvolle Ganztageswanderung auf steilen Bergpfaden, die Trittsicherheit und Ausdauer erfordert	misch-Partenkirchen. Mit dem **Auto** über die Autobahn A 95 München-Garmisch und der Bundesstraße B2 nach Farchant, an der Ampel in der Ortsmitte Richtung Sportzentrum, Bahn und Loisach überqueren und das Auto links in der Frickenstraße abstellen.
8 Std. Gehzeit	**Wanderkarte:** Umgebungskarte 1:50 000 Karwendelgebirge oder Werdenfelser Land	
1250 m An-/Abstieg	**Einkehrmöglichkeiten:** keine	**Achtung:** Der hier beschriebene Abstiegsweg wird als offizieller Weg nicht mehr in Stand gehalten.
	Anfahrt: Farchant hat keinen eigenen Bahnhof mehr, man erreicht den Ort mit dem **Stadtbus** von Gar-	

Unsere Wanderung beginnt an der **Loisachbrücke von Farchant.** Über die Mühldorflstraße kommen wir zum Kuhfluchtweg. Hier beginnt ein bequemer Waldweg, er führt uns über den Tunneleingang der Farchanter Ortsumgehung an den Kuh-

fluchtgraben. Wir gehen diesen Wildbach entlang aufwärts und erreichen in einer knappen halben Stunde eine Brücke – jetzt ist der bequeme Spazierweg zu Ende! Wir überqueren den Kuhfluchtgraben und steigen über Treppen und auf ei-

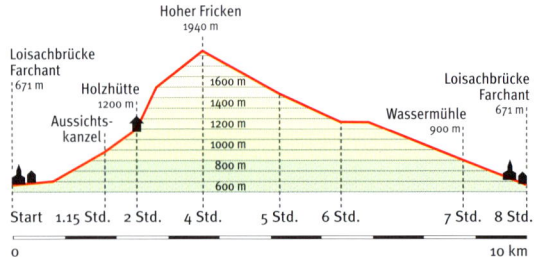

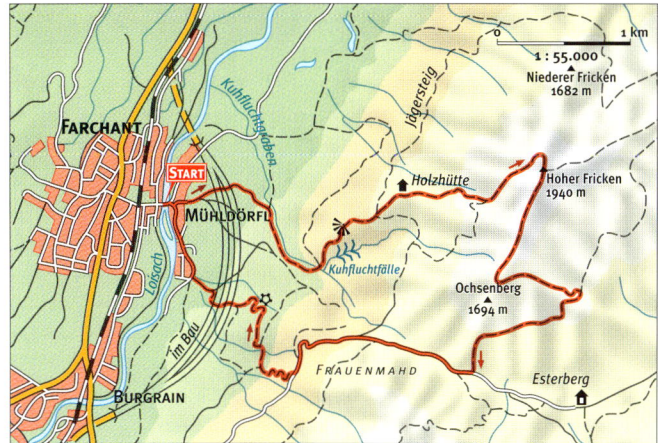

nem in steilen Serpentinen geführten Bergpfad aufwärts. Nach etwa 10 Min. verzweigt sich der Weg, rechts geht es um einen Felsen herum nur wenige Meter weiter. Der Abstecher lohnt sich, er lässt uns auf die wild herabstürzenden Wasser des Kuhfluchtbaches schauen, die sich ihren Weg zwischen den Felsen nach unten suchen.

Wir gehen zur Abzweigung zurück und steigen im lichten Wald weiter nach oben. Weil sich hier am frühen Vormittag die Sonne hinter dem Berg versteckt, ist der Anstieg nicht ganz so schweißtreibend. Der Weg selbst ist nicht zu verfehlen, es gibt nur diesen einen, der sich gut markiert in der Nähe des Steilabfalls zu den Kuhfluchtfällen aufwärts zieht. Wir treffen nochmals auf eine Wegverzweigung; links, nach knapp 50 m erwartet uns die erste Aussichtskanzel über dem Loisachtal, man schaut in das Werdenfelser Land unter der Zugspitze (1.15 Std.). Wir gehen zur Abzweigung zurück und wandern weiter nach oben. Rechts öffnen sich immer wieder neue Blicke in die Tiefe des Kuhfluchtgra-

bens. Vor allem mit einem Fernglas kann man gut beobachten, wie das Wasser in meterdickem Strahl aus den Felsöffnungen quillt. Selbst trockene Sommer scheinen die Wasserfülle kaum zu reduzieren!

Wir wandern an einer weiteren Wegverzweigung vorbei. Der linke, unmarkierte Pfad ist ein Jägersteig, der den Hang entlang zu einer Diensthütte führt. Wir halten uns rechts und folgen den roten Markierungspunkten zu einer einfachen **Holzhütte** auf einem flachen Absatz des Hanges (2 Std.). Die Einrichtung, ein aus Bruchsteinen gemauerter Ofen und ein paar Bretter mit Lebensmitteln zeigen, dass sie zeitweilig bewohnt wird. Sie ist das Refugium eines Münchners, der hier am Berg abseits der Zivilisation einmal im Jahr für ein paar Wochen ausspannt.

Jetzt wird der Wald lichter, es geht weiter am Bergrücken entlang aufwärts. Links taucht langsam das Kloster Ettal auf, dahinter sieht man den Kofel und Unterammergau. Schließlich erreichen wir die Zone, in der Bäume nach 100 Jahren erst 10

Blick vom Hohen Fricken auf das Kareck und den Bischof

cm Durchmesser erreichen, und ihre Jahresringe Abstände von 1 mm und weniger haben. Die Bäume wachsen krumm und bucklig, aber wenn es gelingt, einen von ihnen als Nutzholz zu bergen, so erhält man eine Holzqualität, die ihresgleichen sucht.

In einem **kleinen Sattel** (3 Std.), zu dem man wenige Meter abwärts geht, macht unser Weg einen scharfen Knick nach links aufwärts. Geradeaus führt ein Jägersteig weiter zur Bergstraße zur Esterbergalm, auf der wir später ein Stück wandern werden. Dieser Weg ist aber als Abkürzer keinesfalls zu empfehlen, denn er ist in sehr schlechtem Zustand. Wir steigen weiter und achten sehr auf die unangenehm rutschigen Wurzeln. In den Latschenfeldern wird es endlich flacher. Kurz vor dem Gipfel öffnen sich die Latschen für ein Stück, ein breiter Wiesenhang zieht sich nach Norden zum Bischof, dem Nachbarberg. Da haben wir es fast geschafft, ganz unmerklich stehen wir auf dem **Gipfel des Hohen Fricken.** Unmerklich deshalb, weil er

über und über mit Latschen bewachsen ist. Das Bergkreuz steht wenige Meter weiter unterhalb des höchsten Punktes an einer freien Stelle (4 Std.).

Wie aus dem Flugzeug schaut man von hier oben auf das Loisachtal. Zum Glück sitzen wir nicht im Flieger, sondern haben genügend Zeit, auch Einzelheiten im Tal genau zu betrachten. Davon gibt es reichlich. Die Ruinen der Burg Werdenfels etwa, die versteckt im Wald über den Wohnblocks von Burgrain bei Partenkirchen zu sehen sind, oder die vielen kleinen Heuschober auf den Wiesen zwischen Garmisch und Oberau. Diese Wiesen waren früher recht moorig. Im Sommer wäre ein beladenes Heufuhrwerk eingesunken. Also lagerte man das Heu in einer Scheune, bis im Winter der Boden gefroren war, um es dann mit dem Schlitten einzubringen.

Direkt im Süden liegt der breite Rücken des Wank (Tour 22), über ihm ragen die Felsen des Wetterstein in den Himmel. Rechts unter der

Zugspitze breitet sich das immer weiter wachsende Garmisch-Partenkirchen aus, dahinter sieht man das Loisachtal und dann den Kramer (Tour 21). Rechts folgen Notkarspitze (Tour 18), Kofel (Tour 15), Laber und Ettaler Manndl (Tour 16), das Murnauer Moos (Tour 35), Krottenkopf und Bischof. Über dem Isartal im Osten stehen die Felszacken des Karwendels, der Kranzberg (Tour 27) bei Mittenwald schließt den Rundblick ab.

Vom Gipfel aus wandern wir zunächst auf dem mit Latschen bewachsenen **Kamm** Richtung Süden. An seinem Ende befinden wir uns genau über den Kuhflucht-Wasserfällen. Ein gewaltiger Felssturz aus jüngster Zeit hat die Flanke des Berges aufgerissen, das vom Wasser mitgerissene Geröll liegt links und rechts neben dem Bachbett bis hin zur Loisach. Von oben kann man den Umfang der Verwüstungen besser erkennen als unten vor Ort. Unser Weg, der oft nur noch aus Pfadspuren besteht, wendet sich an dieser Stelle vom Bergkamm nach links und führt abwärts zu einer großen **Wiese** (5 Std.). Hier zweigt links einer der Wege auf die Weilheimer Hütte ab, die von der Esterbergalm her kommen.

Wir halten uns rechts und gehen auf der rechten Seite der Wiese (von oben gesehen) nach unten. Dieser Weg ist auf der amtlichen Karte falsch eingezeichnet, also nicht irreführen lassen, die dünnen Trittspuren sind richtig! Er schwenkt nochmals nach rechts, dann geht es im Wald ein Stück fast eben den Hang entlang. Nach einem Weidezaun, den wir überklettern müssen, überqueren wir zwei große **Steinrinnen,** die sich vom Ochsenberg herunterziehen. Nach der zweiten Stein-

rinne, die eigentlich aus zwei Bahnen besteht, schwenkt unser Weg nach links und führt im Wald zwischen Geröll und Wurzelwerk steil abwärts. Die von oben bei der Schneeschmelze nachrollenden Steine haben den Pfad fast völlig zerstört. Man muss sich einfach die Stellen aussuchen, an denen man einigermaßen bequem nach unten kommt. Trotzdem kann man sich nicht verlaufen, denn man sieht immer wieder kurze ausgetretene Wegstücke quer zum Hang. Nach gut 100 Höhenmetern taucht unser Weg als schmaler, jetzt aber deutlich erkennbarer Pfad wieder auf. Das Gelände wird flacher und kurz darauf stehen wir an der **Bergstraße,** die links zur Esterbergalm führt (6 Std.).

Jetzt haben wir die schwierigen Stellen hinter uns, wir wenden uns nach rechts und wandern auf der breiten Straße zunächst eine gute halbe Stunde Richtung Garmisch-Partenkirchen. Dann schickt uns ein Wegweiser rechts auf einem schmalen Kiesweg abwärts nach Farchant. Dieser Weg ist nicht mehr sehr steil, in weiten Serpentinen verlieren wir an Höhe. Wir kommen an eine Rastbank, neben der eine **kleine Wassermühle** aufgestellt ist. Das war das Hobby eines alten Mannes aus Farchant, er ist inzwischen verstorben und das Bauwerk verfällt wieder (7 Std.). Kurz darauf führt unser Weg an einem kleinen Miniwasserfall vorbei, man sieht sehr gut, wie aus dem staubenden Wasser Tuff auskristallisiert. Ein paar weite Serpentinen noch, und wir stehen unten im Tal auf einer breiten Kiesstraße, der wir zuerst rechts und dann wieder links bis zur Esterbergstraße von **Farchant** folgen. Nach rechts führt sie uns direkt ins Dorf zurück (8 Std.).

Tour 24

Das höchste Dorf Deutschlands

Über Wamberg in die Partnachklamm

Diese Wanderung ist ein gemütlicher Bummel durch uraltes Bauernland und bietet, wie von einer Aussichtsterrasse, zuerst nach Norden den Blick in das einsame Estergebirge, dann nach Süden das Panorama der wilden Kletterwände des Wetterstein.

DIE WANDERUNG IN KÜRZE

+
Anspruch

Charakter: leichte Halbtageswanderung im Vorgebirge auf gepflegten Wegen

3.30 Std.
Gehzeit

Wanderkarte: Umgebungskarte 1:50 000 Karwendelgebirge oder Werdenfelser Land

500 m
An-/Abstieg

Einkehrmöglichkeiten: Gasthof Wamberg, Gasthof Eckbauer, Gasthöfe in Graseck

Anfahrt: Garmisch-Partenkirchen liegt an der **Bahn** München–Mittenwald–Innsbruck und ist zusätzlich von allen wichtigen Orten der Umgebung mit dem **Bus** zu erreichen. Vom Bahnhof aus fährt ein **Ortsbus** zum Olympiastadion. Mit dem **Auto** Autobahn A 95 München–Garmisch und über die Bundesstraße B 2 nach Garmisch-Partenkirchen und weiter Richtung Mittenwald. Kurz vor dem Ortsende rechts zum Olympiastadion bzw. zur Eckbauernbahn (Hinweisschild). Große Parkplätze.

Ausgangspunkt unserer Wanderung ist das **Olympiastadion Garmisch-Partenkirchen.** Auf der Auenstraße gehen wir an den Tennisplätzen und am großen Wohnmobilparkplatz vorbei, dann wandern wir kurz an der Bahnstrecke entlang, passieren das Schwimmbad und biegen nach dem ersten Krankenhausparkplatz rechts in die Kainzenbachstraße ein. Nach den letzten Häusern von Garmisch (15 Min.) geht die Teerstraße in eine Sandstraße über und ist für den öffentlichen Verkehr gesperrt. Eine große Scheune lassen wir rechts liegen und steigen durch die Wald- und

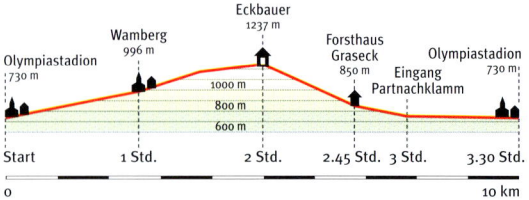

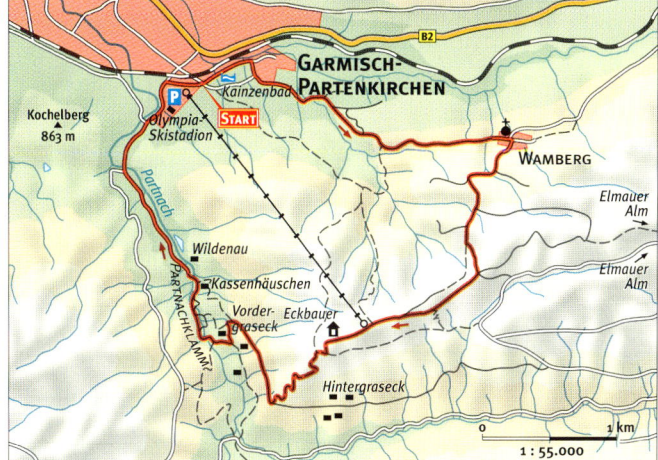

Wiesenlandschaft etwa eine halbe Stunde bergauf. Dann wird es wieder eben, über die Felder der Wamberger Bauern kommen wir am kleinen Bergfriedhof vorbei direkt ins Dorf **Wamberg** (1 Std.), das als höchstgelegenes ganzjährig bewohntes Bauerndorf Deutschlands gilt.

Natürlich werfen wir einen Blick in die 1720 erbaute Kirche, die der hl. Anna geweiht ist. Eine schöne Figur der Kirchenpatronin, die ihre Tochter Maria und das Enkelkind Jesus auf dem Arm trägt, steht im Zentrum des eleganten Hochaltars. An den Seiten haben die Wamberger gleich zwei Pestpatrone, die hll. Sebastian und Rochus, aufgestellt. Zu gut waren wohl damals noch die Pestepidemien in Erinnerung.

Von der Kirche aus gehen wir weiter bis zur Kreuzung, biegen rechts ab und wandern jetzt Richtung Eckbauer. Der Weg führt ziemlich steil aufwärts und erlaubt uns noch einen schönen Rückblick auf das kleine Dorf. Vor allem von hier oben macht es den Eindruck, als sei die Welt noch völlig in Ordnung. Wir kommen

an einen Stadel, in den die Jahreszahl 1979 eingeschnitten ist, und nehmen den linken Weg, der an einem Flurkreuz vorbeiführt. Über den Wiesen taucht die Alpspitze auf, die wegen ihrer pyramidenartigen Form der viel höheren Zugspitze immer wieder die Schau stiehlt. An der Abzweigung zur Elmauer Alm halten wir uns rechts (1.30 Std.) und erreichen, leicht ansteigend, einen Wiesenrücken, der eine ungewöhnlich schöne Sicht auf das ganze Wetterstein, das Karwendel um Mittenwald (Tour 26) und auf die nördlichen Vorberge bietet (1.45 Std.).

Wer nicht vorhat, beim Eckbauern einzukehren, sollte hier rasten und die Aussicht genießen. Der Weg senkt sich wieder etwas, wir erreichen die **Eckbauern- Seilbahn** und kurz darauf das **Gasthaus Eckbauer** mit seiner schönen Aussichtsterrasse (2 Std.).

Variante: Wer beim Abstieg Probleme hat, kann mit der Seilbahn bequem zum Olympiastadion zurückkehren.

99

Die Partnachklamm

Bei der Terrasse des Gasthofs be- das Reintal führt, durch das die jun-
ginnt ein gut ausgebauter Serpenti- ge Partnach fließt.
nenweg, der zuerst durch Jungwald, An der Abzweigung nach Hinter-
später an uralten Bäumen vorbei in graseck (2.30 Std.) haben wir das

steilste Stück hinter uns, wir wandern jetzt geradeaus dem Schild »Bergbahn Graseck« folgend auf **Vordergraseck** zu. Wenn wir die kleine Bergsiedlung vor uns liegen sehen, führt links ein schmaler Wiesenweg direkt zum **Hotel Forsthaus Graseck** (2.45 Std.).

Auf der Bergstraße vor dem Hotel wenden wir uns noch einmal nach links, doch schon nach ca. 100 m führt rechts ein Steig hinunter zur Eisenbrücke über die **Partnachklamm.** Es ist ein Schwindel erregendes Gefühl, auf dieser Brücke zu stehen und senkrecht nach unten auf das strömende Wasser zu blicken. Eine tiefe, enge Schlucht hat die Partnach im Laufe der Jahrtausende in den Fels gefressen. Gleich nach der Brücke sieht man, warum die Klamm so schmal wurde. Der Fels ist hier in breiten, leicht geneigten Platten geschichtet. Wenn das strömende Wasser und die Steine, die es mit sich führt, jeweils eine dieser Schichten durchgesägt haben, rutscht die stehen gebliebene Plattenschicht nicht nach, weil die Platten sich, wie Ziegelsteine in einem Mauerwerk, gegenseitig halten.

Wir wandern auf dem Steig hinunter zum Kassenhäuschen am Eingang der Schlucht (3 Std.). Wer möchte, kann gegen Gebühr die Klamm auf einem gesicherten Steig begehen, der Weg hin und zurück dauert etwa 30 Min. An den Andenkenläden und Imbiss-Ständen vorbei wandern wir das letzte Stück unseres Weges talauswärts. Kurz vor der **Partnachbrücke** erinnern vier Marterl daran, dass die Partnach früher zur Holztrift genutzt wurde. Dazu wurde der Bach aufgestaut, die frisch gefällten Baumstämme warf man in den so entstandenen See. Wenn dann das Stauwehr geöffnet

wurde, riss die Wasserflut die Stämme mit sich zu Tal. Vor allem in der Klamm verkeilte sich das Holz aber oft, dann mussten sich die Triftknechte abseilen und die Stämme lösen: eine schwere und gefährliche Arbeit.

Kurz darauf kommen wir wieder an das **Olympiastadion** (3.30 Std.). Meist sind die Tore offen, so dass wir noch einen Blick in die Arena werfen können, die seit ihrer Erbauung 1936 schon viele Siege und noch mehr Niederlagen gesehen hat.

Wamberg und Graseck

Wamberg und Graseck sind uralte Bauernsiedlungen hoch oben am Berg, vor den Felswänden des Wetterstein. Einst führten bloß ein paar schmale Pfade hinauf, die nur Ortskundige fanden. Das war ein gewaltiger Vorteil in einer Gegend, durch die immer wieder Kriegsheere zogen. Die erste urkundliche Erwähnung von Wamberg stammt von 1341, damals waren es zwei Bauernhöfe, die weder einem Kloster noch dem Hochstift Freising gehörten, sondern freien Bauern, die direkt dem Herzog von Bayern unterstanden. Im Bereich der bayerischen und Tiroler Alpen war das nicht so selten und hat sich bis zur Ablösung der Grundherrschaft im 19. Jh. an vielen Orten erhalten. Wie andernorts Adelige trugen die alteingesessenen Bauern den Namen ihres Wohnorts, im 16. Jh. wohnte in Wamberg ein »Caspar Wamperger«, am Graseck ein »Peter ab dem Graseck«. Inzwischen sind die Namen allerdings durch Verkauf der Höfe oder durch Unterbrechung der männlichen Erbfolge verschwunden.

Unter der Alpspitze

Vom Kreuzeck zum Osterfelderkopf

Kreuzeck und Osterfelder gehören zu den wichtigen Skigebieten des Werdenfelser Landes, daher führt die Tour zunächst vor allem über Skipisten. Die gewaltige Nordwand der Alpspitze, an deren Fuß wir entlang wandern, verleiht dieser Tour den Reiz des Hochgebirges.

DIE WANDERUNG IN KÜRZE

++

Anspruch

5 Std.

Gehzeit

400 m

Anstieg

1300 m

Abstieg

Charakter: bequeme Ganztageswanderung auf Wirtschaftswegen und Bergpfaden, nur an einer Stelle etwas ausgesetzt (kann umgangen werden)

Wanderkarte: Umgebungskarte 1:50 000 Werdenfelser Land

Einkehrmöglichkeiten: Gasthaus Kreuzeck, Gasthof Hochalm und Gasthof Osterfelderkopf, Gasthäuser in Hammersbach

Anfahrt: Garmisch-Partenkirchen liegt an der **Bahn**linie München–Mittenwald–Innsbruck und ist auch mit dem **Bus** von allen größeren Orten der

Umgebung gut erreichbar. Vom Bahnhof aus kann man sowohl mit dem **Orts-bus** als auch mit der **Zug-spitzbahn** zur Kreuzeckbahn-Talstation fahren. Mit dem **Auto** über die Autobahn A 95 München–Garmisch und die anschließende Bundesstraße B 2 nach Garmisch-Partenkirchen. Am Ortseingang in die B 23 Richtung Fernpass und den Schildern »Kreuzeckbahn« folgen. Parkplätze an der Talstation.

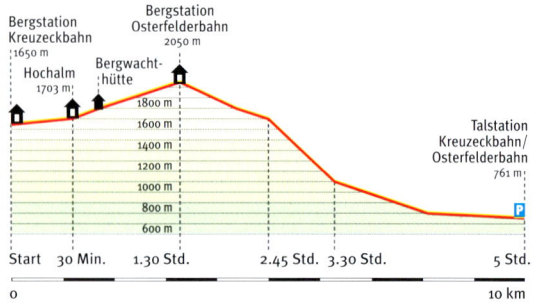

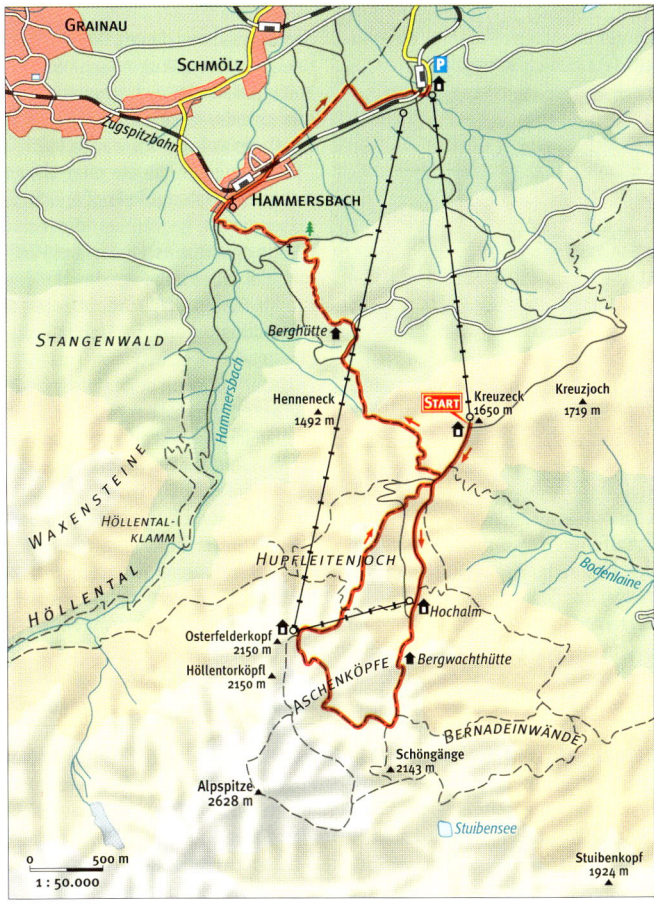

Ausgangspunkt unserer Wanderung ist die **Bergstation der Kreuzeckbahn.** Ein breiter, bequemer Weg führt von hier scheinbar genau auf die Alpspitze zu. Auf ihm wandern wir Richtung Hochalm. Bei der ersten Tafel des geologischen Lehrpfads gehen wir geradeaus, gleich darauf bietet sich ein tiefer Blick in das Tal der Bodenlaine. Bei der nächsten Abzweigung halten wir uns links, hier werden wir später beim Abstieg zurückkommen. Gemächlich

gewinnen wir an Höhe, ohne dass besondere Anstrengung erforderlich wäre. Beim Zurückblicken kann man über die Kreuzeck-Häuser bis weit ins Alpenvorland schauen. Zwischen Estergebirge und Ettaler Manndl hindurch erkennen wir Murnau, den Starnberger See und, bei guter Sicht, sogar die Hochhäuser von München. Vor der Hochalm passieren wir eine **Gondelbahn,** die gehfaule Wanderer schnell auf die Osterfelder befördert. Sie gehört zu

26

Tour

Unter dem Karwendel

Von Mittenwald zur Hochlandhütte

Das Karwendel bei Mittenwald präsentiert sich steil, abweisend und für einfache Wanderungen nicht unbedingt geeignet. Doch es gibt einen Weg unter diesen Felsabstürzen, der die Schönheit der Landschaft erschließt.

DIE WANDERUNG IN KÜRZE

+
Anspruch

4.30 Std.
Gehzeit

650 m
An-/Abstieg

Charakter: einfache Ganztageswanderung auf Bergpfaden und Almstraßen

Wanderkarte: Umgebungskarte 1:50 000 Karwendelgebirge

Einkehrmöglichkeit: Hochlandhütte

Anfahrt: Mittenwald liegt an der **Bahn**strecke München–Innsbruck, **Bus**anbindung von allen wichtigen Orten der Umgebung. Vom Bahnhof folgt man den Wegweisern zur Karwendelbahn; die Alpenkorpsstraße liegt direkt hinter der Seilbahn (15 Min.). Mit dem **Auto** über die Autobahn A 95 München–Garmisch und die anschließende Bundesstraße B 2 über Garmisch-Partenkirchen zur Abfahrt Mittenwald Ortsmitte/Karwendelbahn. Parkplätze entweder in der Alpenkorpsstraße parallel zur B 2 oder auf dem Wanderparkplatz kurz vor der Einfahrt in die B 2 in Richtung München.

Ausgangspunkt unserer Wanderung ist der **Wanderparkplatz** an der B 2, Ausfahrt Ortsmitte **Mittenwald.** Wir gehen zuerst ein kurzes Stück auf der Teerstraße östlich der B 2 nach Süden. Nach dem großen Bahnstrommast zweigt links ein schmaler Weg in den Wald ab, der mit »Mittenwalder Hütte« bezeichnet ist. Das Schild ist von der Straße aus schwer zu erkennen, weil es ein wenig innerhalb des Waldes hängt. Auf diesem Weg bleiben wir bis zu einer Bergstraße, die neben einem kleinen

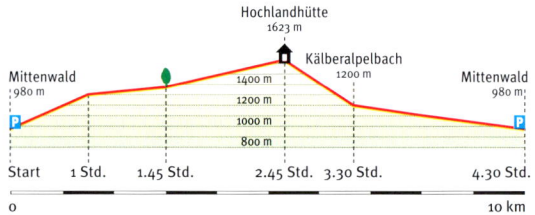

106

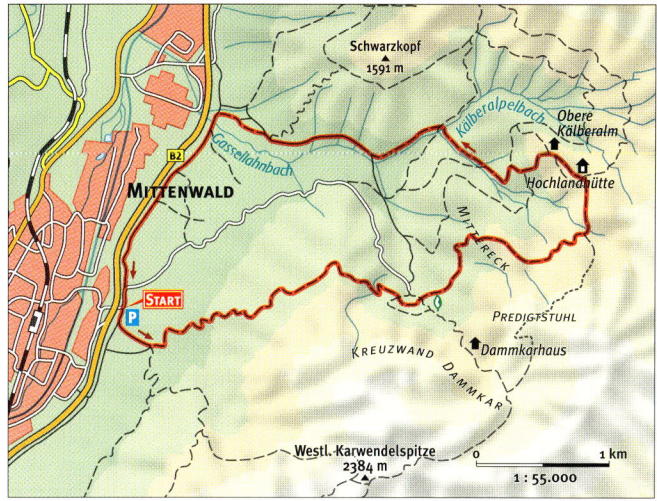

Bach direkt von der B 2 her kommt. Hier wenden wir uns nach links und wandern am Bach entlang bergauf. Dort, wo sich die Straße vom Bach, der als großer Wasserfall von den Felsen herabstürzt, wegwendet, finden wir ein Schild, das zur »Dammkarhütte« weist, hier beginnt der eigentliche Wanderweg.

In unendlich vielen Serpentinen windet sich der schmale, aber gut ausgebaute Steig nach oben. Der lichte Wald aus Föhren und Lärchen gibt selbst im Hochsommer noch viel Schatten, so dass der Aufstieg nicht zu schweißtreibend wird. Immer wieder öffnet sich der Wald und wir blicken auf Mittenwald, den Kranzberg (Tour 27) und das Wetterstein. Im Sommer blühen am Wegrand lila Skabiosen, der bittersüße Nachtschatten, die gelbe Gamswurz und sogar die braunrote Stendelwurz, eine geschützte Orchideenart. Bei der **ersten großen Steinrinne** (1 Std.) ist die Hauptarbeit schon geleistet. Die Steigung wird geringer, wir tauchen wieder in den Wald ein und queren

eine zweite Rinne. Eine Bank lädt zum Verweilen ein. Der Blick schweift jetzt über die Buckelwiesen von Krün zum Werdenfelser Land mit dem Wank (Tour 22), dem Estergebirge und dem Simetsberg (Tour 28) am Horizont. Jetzt wird der Weg fast flach, und nach einer Biegung liegt vor uns der Ausgang des Dammkars zwischen den Felswänden der Kreuzwand (rechts) und des Predigtstuhls (links). Ungeheure Schuttmassen hat die Erosion im Laufe der Jahre am Fuß der Felswände angesammelt. Die vielen Wege, die dieses Geröllfeld kreuz und quer durchziehen, zeigen, wie beliebt das Kar bei Bergsteigern ist. Das Dammkarhaus, das etwas über uns im Kar steht, gehört zu den vielbesuchten Refugien der Kletterer.

Wir gehen zum Waldrand und nehmen dort den Serpentinenweg nach unten. Etwa 50 Höhenmeter tiefer führt der Weg wieder auf das Dammkar zu. Gehen Sie nicht auf dem zunächst breiteren Weg zur Felswand, er mündet in eine steile

107

Kraxelei über Schutt und Sand. Auf der großen Schutthalde unter der **Kreuzwand** erreichen wir das **Dammkar.** Bei einem Bergahorn in der Mitte des Kars (1.45 Std.) folgen wir dem Weg, der sich durch die Latschen zunächst bergab windet und nach 5 Min. am Mittereck in Serpentinen gut 200 Höhenmeter wieder bergauf steigt. Schließlich stehen wir am Rand eines großen Talkessels und sehen die grün bedachte Hütte unmittelbar gegenüber. Wir wandern, fast immer auf gleicher Höhe bleibend, um den Kessel herum, kommen zu einer Abzweigung, über die Klettergeübte an den Felsen des Predigtstuhl vorbei Richtung Westliche Karwendelspitze steigen, gehen noch über ein paar Brücken und stehen vor der **Hochlandhütte** (2.45 Std.). Im Sommer schmücken üppige rote Petunien und gelbe Pantoffelblumen die Fenster der Hütte, die Wiesen davor sind blau von Glockenblumen. Die Hütte gehört der Sektion Hochland des Deutschen Alpenvereins und hat sich noch nicht zu einem Gasthaus gemausert, denn sie muss von Trägern oder mit dem Hubschrauber versorgt werden. Deshalb ist das Angebot an Speisen und Getränken eher bescheiden, es genügt aber vollkommen, Durst und Hunger zu stillen.

Der Abstiegsweg beginnt vor der Hütte und führt zunächst an dem Gedenkkreuz vorbei, mit dem die Sektion Hochland an ihre Gefallenen und Vermissten erinnert. Nach ein paar Minuten erreichen wir die **Obere Kälberalm,** die früher als Hochleger nur im Hochsommer ein paar Wochen bestoßen war. Heute ist sie privat vermietet. Die Mitglieder der Sektion haben den steilen Abstieg vorbildlich ausgebaut, zahlreiche Holzstufen erleichtern das Gehen

ganz erheblich und mindern zugleich die Erosion. Alle getrampelten Abkürzer sind verbaut, freie Erosionsflächen am Hang hat man mit Zweigen wieder befestigt und neues Gras angesät.

Wenn wir den **Gassellahnbach** erreicht haben, liegt das steilste Stück bereits hinter uns. Wir wandern den Bach entlang abwärts und überqueren auf einer Brücke den **Kälberalpelbach** (3.30 Std.), der das nächste Tal entwässert. Das klare Wasser hat viele Gumpen und Kaskaden gebildet. Für Kinder sind das wunderschöne Spielplätze, hier sollten sie Zeit haben.

Wir wandern durch eine breite Schlucht, dann mündet von links der Weg vom Dammkar ein. Ab jetzt geht es fast eben bis zur Hangkante des Isartals, auf der linken Seite gräbt sich der Gassellahnbach immer tiefer in eine steile Schlucht ein. An einem kleinen Bildstock mit einer Muttergottes vorbei, kommen wir schließlich an eine Weggabelung (4 Std.), biegen links Richtung Mittenwald (Schild) und unmittelbar darauf nochmals links in einen steilen Weg ab, der in engen Serpentinen auf die Autostraße B 2 zuführt. Parallel zu ihr können wir dann auf einer Feldstraße bzw. auf einem Fußweg zurück zum **Parkplatz** wandern (4.30 Std.).

Bergwandern und Baden

Der Hohe Kranzberg bei Mittenwald

Der Kranzberg gehört zu einer Kette von Waldbergen, die dem eigentlichen Wettersteinmassiv im Norden vorgelagert sind. Seine Wälder sind von großen Wiesenflächen unterbrochen, die viel Abwechslung und einen freien Blick bieten.

DIE WANDERUNG IN KÜRZE

+
Anspruch

Charakter: einfache Ganztageswanderung auf gepflegten Bergwegen oder Forststraßen, teilweise im Schatten

4.30 Std.
Gehzeit

Wanderkarte: Umgebungskarte 1:50 000 Karwendelgebirge oder Werdenfelser Land

500 m
An-/Abstieg

Einkehrmöglichkeiten: Gasthaus Wildensee, Kranzberghaus, Gasthaus Ferchensee, Gasthäuser am Lautersee

Anfahrt: Mittenwald liegt an der **Bahn**strecke München–Garmisch–Innsbruck, ist aber auch mit dem **Bus** von allen größeren Orten der Umgebung zu erreichen. Vom Bahnhof geht man auf den von weitem sichtbaren Turm der Pfarrkirche zu (10 Min.). Mit dem **Auto** über die Autobahn A 95 München–Garmisch und die anschließende Bundesstraße B 2 nach Garmisch und weiter nach Mittenwald. Kostenlose Parkplätze nur östlich der Bahnlinie.

Baden: Wildensee, Ferchensee, Lautersee

Unsere Wanderung beginnt an der **Kirche von Mittenwald.** Durch die Matthias-Klotz-Str. und über den Prof.-Schryögg-Platz gehen wir in den Ortsteil **Gries,** immer dem Wegweiser »Wildenseehütte« folgend. Wir steigen auf dem Gröblweg links der Straße aufwärts. Hinter uns öffnet sich ein schöner Blick auf Mittenwald und das Isartal. An Kreuzwegstationen vorbei verlassen wir langsam den Ort. Wir passieren die Abzweigung zur Gröblalm (30 Min.), nach dem Skilift halten wir uns an der Weggabelung rechts, bei der Abzweigung zur Korbinianshüt-te geht es geradeaus. Über die typischen Buckelwiesen kommen wir zur **Wildenseehütte** (1.15 Std.). Das Gebiet wird von vielen Wildtieren als Kinderstube benutzt, deshalb ist während der Hegezeit vom 1. April bis zum 30. September das Betreten der Wiesen verboten.

Wir gehen zwischen dem Gasthaus und dem See hindurch zu einer breiten geteerten Straße. Sie gehört der Bundeswehr, denn wir sind inzwischen mitten im Standortübungsplatz der Gebirgsjäger von Mittenwald, dürfen aber unbesorgt Straße und Wanderwege benutzen.

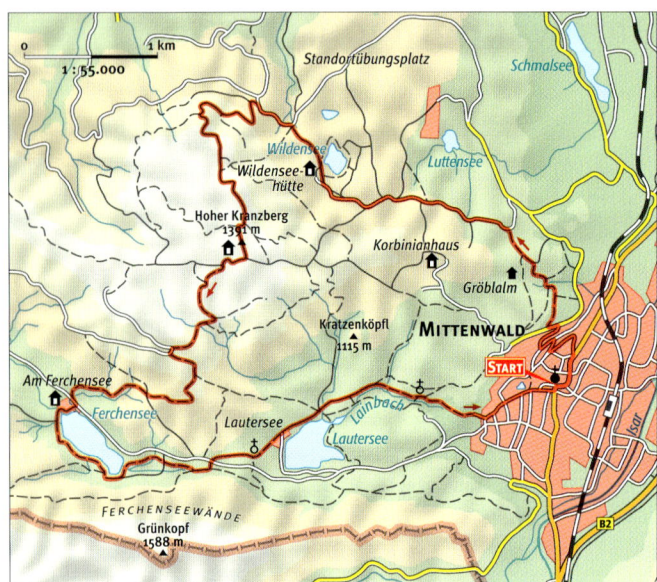

Ein paar hundert Meter gehen wir auf dieser Teerstraße nach links, dann zweigt, markiert mit zwei rot-weißen Pfosten, wieder links ein Weg ab (1.30 Std.), der uns in steilem Zickzack auf den breiten Rücken des Kranzbergs führt. Der Anstieg ist rasch geschafft, dann führt der Weg nur noch leicht ansteigend über die locker mit Bäumen bestandene Hochfläche. Schließlich geht es nochmals ein paar Meter aufwärts, dann stehen wir auf dem Gipfel des **Hohen Kranzbergs** und können in die Runde schauen (2.15 Std.).

Über der jungen Isar steht wie eine gewaltige Mauer die Kette des westlichen Karwendels, die sich hier mehr als 1400 m hoch aus dem Talgrund auftürmt. Weiter im Norden wird es lieblicher, das östliche Werdenfelser Land mit seinen vielen Weiden liegt vor dem Estergebirge mit dem Simetsberg (Tour 28). Durch die Taleinschnitte kann man weit in das Alpenvorland hinaus sehen. Im Südwesten steht das Wetterstein-massiv mit der Zugspitze, direkt im Süden schaut der Wächter Tirols, die Arnspitze, vor den Eisgipfeln der Stubaier Alpen zu uns herüber.

Unmittelbar unter dem Gipfel steht das **Gasthaus Kranzberg.** Hier finden wir einen Wegweiser, der uns

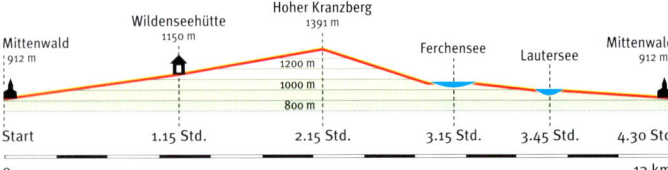

Mittenwald

am Haus vorbei Richtung Ferchensee schickt. Durch lichten Mischwald steigen wir talwärts, der Weg führt zum Teil über Holzbohlen, teils über offenliegendes Wurzelwerk. Wenn es zuvor geregnet hat, ist hier Vorsicht geboten. Wir erreichen die Kehre einer breiten Forststraße, unter ihr führt unser Weg wieder in den Wald. Die Ferchenseewände direkt gegenüber schauen recht gefährlich aus, dennoch führte durch sie früher ein beliebter Schmugglerweg, mit dem die »Schwärzer« die bewachte Straße unten an der Isar umgehen konnten.

Bei einer Wegverzweigung gehen wir geradeaus (Wegweiser) und erreichen in großem Bogen den schönen **Ferchensee** (3.15 Std.). Wir nehmen den Wanderweg, der an seinem Südufer entlangführt, überqueren die Fahrstraße, passieren eine kleine Kapelle und sind schnell am **Lau-**tersee (3.45 Std.). Wir wenden uns nach links und treffen auf eine zweite Kapelle, die 1991 ganz neu ausgestattet wurde. Männliche und weibliche Engel bevölkern den Himmel, auf die Decke sind alle wichtigen Bauernheiligen gemalt. Draußen an der Hangkante steht eine auffällige Schautafel für Pilze, hinter der sich der Weg verzweigt. Wir wählen den rechten Weg in das Laintal und steigen zuerst flach, dann immer steiler in die Schlucht des **Lainbachs.** Dort, wo sie am engsten ist, hat man eine Mariengrotte gebaut und ein Holzkreuz zum Gedenken der Gefallenen der Weltkriege aufgestellt (4 Std.). Unten, am Ausgang der Schlucht, stehen bereits die ersten Häuser von **Mittenwald.** Am Wohnhaus des Lüftlmalers Franz Karner vorbei, kommen wir, den Kirchturm als Orientierung benutzend, ins Ortszentrum zurück (4.30 Std.).

Tour 28

Allein mit Gämse und Reh

Von Einsiedl auf den Simetsberg

Auf dem Simetsberg gibt es keine Bergwirtschaft, auch die Seilbahnbauer haben ihn noch nicht entdeckt. Deshalb sind wir auf dieser Tour wirklich mit den Gämsen und den Rehen allein, wer nicht allzu laut ist, kann sie auch beobachten.

Unsere Wanderung beginnt am Nachtparkplatz für Wohnmobile in **Einsiedl.** Wir nehmen vom Parkplatz aus die rechte, obere Forststraße, die in großem Bogen bergauf führt. Wegweiser leiten uns an, immer auf der Straße zu bleiben. An einer Gabelung der Forststraße (30 Min.) gehen wir links, kurz darauf halten wir uns nochmals links. Wir wandern durch ein großes **Wildschutzgebiet,** das vom 1. November bis zum 15. April nicht betreten werden darf. Der Weg zum Simetsberg ist allerdings

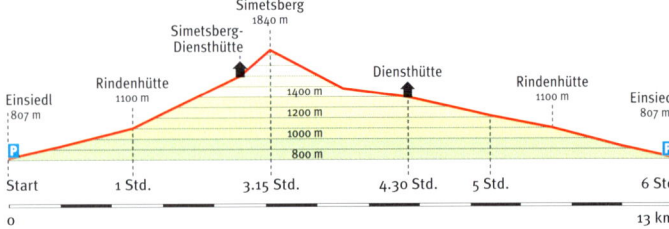

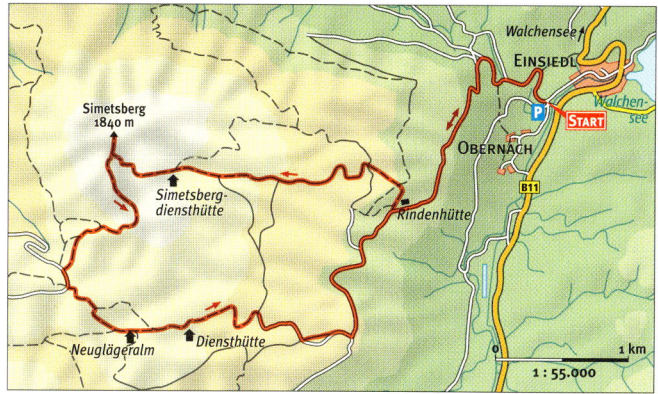

immer frei. Die Forststraße zieht sich am steilen Osthang des Simetsbergs entlang. Nach einer Rechtsbiegung muss man aufpassen: Ein kleines Schild schickt uns von der Straße weg auf schmalem Bergpfad rechts aufwärts (1 Std.). Eine einfache **Rindenhütte** markiert diese Stelle. An dieser Stelle kommen wir später auf der Forststraße wieder zurück.

Wir steigen durch den Nadelwald bergauf. Große Felsblöcke unter den Bäumen zeugen von einem gewaltigen Felssturz, der hier vor langer Zeit niedergegangen ist. Wir treffen auf einen Holzziehweg, auf dem wir weiter bergauf gehen. Nach einem kleinen Kessel stoßen wir auf den Wanderweg, der von Wallgau herkommt, dann geht es eine Waldschneise weiter hinauf, bis wir bei der **Simetsberg-Diensthütte** über die Waldgrenze kommen (2.30 Std.). Über uns ist schon das Gipfelkreuz zu sehen. Wir gehen zuerst im Zickzack auf den Steigspuren den Wiesenhang hinauf und dann ziemlich genau in Fall-Linie auf den **Gipfel** (3.15 Std.).

Im Norden, durch das Tal der Eschenlaine von uns getrennt, stehen Herzogstand und Heimgarten

(Tour 29). Die Wanderer am Grat kann man mit dem Fernglas gut beobachten. Dann folgt im Westen das Estergebirge. Die langen Anstiege haben es bis jetzt vom Massentourismus verschont. Im Süden bauen sich über dem Wank (Tour 22) die Felsen des Wettersteinmassivs auf. Zugspitze, Jubiläumsgrat, Hochplatte, Alpspitze, Dreitorspitze und Wettersteinwände sind seine prominentesten Bergziele. Hinter der Arnspitze über Scharnitz blitzen die Stubaitaler Gletscher, dann folgt das Karwendel mit Hochwanner, Teufelsgrat, Karwendelspitze und Lamsenspitz. Das Rofan mit dem Guffert beendet den Bergreigen.

Normalerweise geht man den Aufstiegsweg wieder zurück. Wir möchten jedoch einen anderen Weg vorschlagen, der allerdings ein wenig Aufmerksamkeit erfordert, denn er ist nicht durchgehend deutlich markiert. Wir gehen den Wiesenhang, über den wir aufgestiegen sind, zurück bis an die kleine Steilstufe über der Diensthütte. Genau südwärts schaut man auf zwei Wiesenbuckel mit einem kleinen Sattel dazwischen. Zu diesem gehen wir, dahinter stehen vereinzelte Bäume.

Die Rindenhütte

Hinter einer Gruppe von vier Bäumen finden wir an einem Felsen eine rote Markierung und einen schmalen Pfad, der in Serpentinen durch den alten, aber lichten Baumbestand abwärts führt. Zuerst geht es am Südhang nach unten, dann wendet sich der Weg nach rechts Richtung Westen, überquert eine fast ebene Wiese und führt an ihrem Ende leicht links weiter. Er wird breiter und deutlicher und mündet schließlich in eine Forststraße, auf der wir links nochmals ein paar Meter aufsteigen müssen (4.15 Std.). In einer Rechtskurve schickt uns ein altes Schild »Walchensee« nach links. Rote Ringe markieren den Weg. Nach einer Viertelstunde folgen wir nicht dem Wegweiser »Wallgau«, sondern gehen auf den Pfadspuren links weiter. Wir kommen an der **Neuglägeralm** vorbei und finden im Wald wieder ein Schild »Walchensee«, das uns bestätigt, dass wir den richtigen Weg gefunden haben. Bei einer **Diensthütte** (4.30 Std.) schlüpfen wir durch ein Tor im Zaun und nehmen einen Almweg, der an einem Holzplatz in eine Forststraße mündet. Auf ihr wandern wir rechts bergab und treffen auf die Fortsetzung der Forststraße, die wir am Morgen bei der Rindenhütte verlassen haben (5 Std.). Nun wenden wir uns nach links und können den Blick über den Walchensee genießen, auf dem zahllose Surfer ihrem Sport frönen. 20 Min. später sind wir bei der **Rindenhütte**, dann können wir den Abstieg ins Tal nicht mehr verfehlen. Nach einer guten halben Stunde haben wir **Einsiedl** wieder erreicht (6 Std.).

Zwei Gipfel und ein langer Grat

Herzogstand und Heimgarten

Der Herzogstand gehört zu den Vorzeigebergen der bayerischen Alpen. An einem schönen Herbstwochenende baggert die Seilbahn Massen von Besuchern nach oben. Deswegen ist der gewaltige Tiefblick nach Norden ins Alpenvorland nicht weniger schön.

DIE WANDERUNG IN KÜRZE

+++
Anspruch

4.30 Std.
Gehzeit

350 m
Anstieg

1100 m
Abstieg

Charakter: anspruchsvolle Ganztageswanderung, die Trittsicherheit und Schwindelfreiheit erfordert, auf Bergpfaden, teilweise mit Seilen gesichert, Bergwegen und Forststraßen

Wanderkarte: Umgebungskarte 1:50 000 Karwendelgebirge oder Bad Tölz–Lenggries

Einkehrmöglichkeiten: Berggasthof Herzogstandhaus und Heimgartenhütte

Anfahrt: Die **Bus**linien 9608 Kochel–Mittenwald–Garmisch und 9610 Tegernsee–Garmisch halten an der Talstation der Seilbahn. Mit dem **Auto** von der Autobahn A 95 München–Garmisch, Ausfahrt Kochel/Murnau, nach Kochel und auf der B 11 über den Kesselberg nach Walchensee. Der Parkplatz der Seilbahn liegt am Ortseingang rechts. Die hohen Parkgebühren werden beim Kauf einer Liftkarte größtenteils rückvergütet.

Baden: an den Badeplätzen im Walchensee

Achtung: auf keinen Fall bei drohendem Gewitter gehen, der lange Grat zum Heimgarten bietet keinerlei Schutz und ist stark blitzgefährdet!

Unsere Wanderung beginnt an der **Bergstation der Herzogstandbahn.** Von hier hat man den schönsten Blick auf den Walchensee mit seinen vielen Surfern und auf den nach ihm benannten Ort, durch den seit 1492 die Fernstraße nach Italien führt: der kürzeste Weg von München in den Süden. An der Bergstation ist ausnahmsweise kein Gasthaus, auch die faulsten »Alpinisten« müssen wenigstens zehn Minuten weit gehen, um zum Wirtshaus zu kommen.

Das sind die **Herzogstandhäuser,** die sich die bayerischen Könige Max II. und Ludwig II. als Jagdhäuser erbauen ließen. Sie waren lange im Besitz des Deutschen Alpenvereins, wurden aber vor einigen Jahren verkauft, weil sie zu einem reinen Gasthaus geworden sind. Das widerspricht der Vereinssatzung, die fordert, dass der Verein nur Schutzhäuser zur Erschließung der Alpen, also Stützpunkte für Kletterer und Wanderer, unterhält.

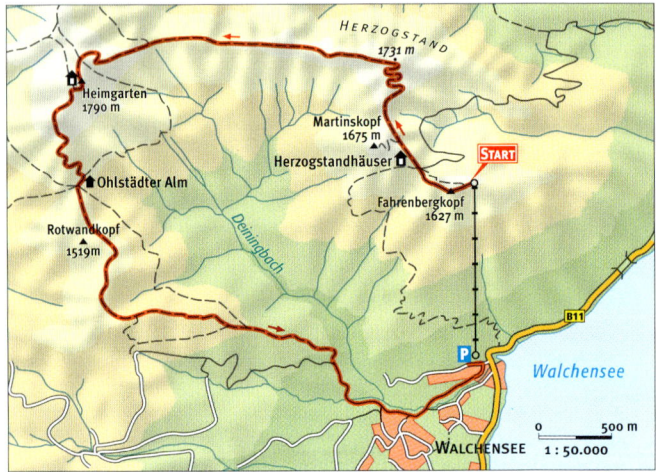

Wir gehen an ihnen vorbei und wandern über einen Serpentinenweg zuerst auf den Vorgipfel mit einem kleinen Pavillon und dann auf den eigentlichen **Gipfel des Herzogstand** (45 Min.). Früher war die Südflanke des Herzogstand von vielen wilden Trampelpfaden durchzogen. Durch die immer stärker werdende Erosion bestand die Gefahr, dass der ganze Hang trotz des Latschenbewuchses in einer gewaltigen Mure abrutscht. Deshalb hat die Alpenvereinsjugend in einer aufwendigen Aktion alle unnötigen Wege verbaut und neu bepflanzt.

Tief unter uns liegt das Kochelseemoor mit der Loisach. An der Bergflanke sieht man die dicken

Wasserrohre des Walchenseekraftwerks, das eines der größten Kraftwerke der Welt war, als es kurz nach dem Ersten Weltkrieg erbaut wurde. Die Klöster Schlehdorf und Benediktbeuern (Tour 31) sind deutlich zu erkennen, am Horizont glänzt der Starnberger See (Tour 1), ganz in der Ferne kann man bei klarem Wetter den Münchner Fernsehturm entdecken. Nimmt man die Landkarte und ein Fernglas zu Hilfe, so lassen sich viele Orte identifizieren. Penzberg mit seinen auffälligen Industriebauten ist ein guter Einstieg für die Suche. Im Osten liegen die Benediktenwandgruppe, der Jochberg und der Rabenkopf (Tour 30), auf der anderen Seite zieht sich unter uns

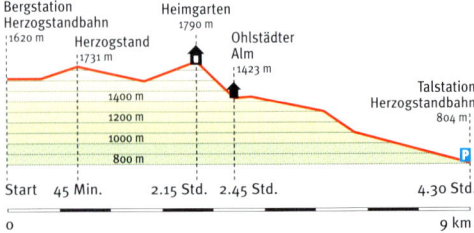

Tiefblick auf dem Weg vom Herzogstand zum Heimgarten

der lange Felsgrat zum Heimgarten. Im Süden ragen hinter der Pyramide des Simetsbergs (Tour 28) die Felswände des Karwendel und des Wetterstein in den Himmel, ganz in der Ferne schimmern die Gletscher der Ötztaler Hochalpen.

Wir gehen ein kurzes Stück unseren Anstiegsweg zurück zur Abzweigung des **Heimgartenwegs,** der über den Grat zum Heimgarten hinüberführt. Diesen Weg kann man nicht verfehlen, aber man darf ihn auch nicht unterschätzen. Er ist zwar mit Drahtseilen gut gesichert, führt aber doch direkt über der steilen Nordflanke des Herzogstand nach Westen. Unmittelbar neben dem Weg befindet sich der tiefe, steile Abfall der Felsen. Trittsicherheit und Schwindelfreiheit sind unbedingt erforderlich. Eineinhalb Stunden wandern wir in ständigem Auf und Ab, bis wir

die gemütliche **Heimgartenhütte** erreichen (2.15 Std.). Sie duckt sich in eine Felsmulde unmittelbar unter dem **Heimgartengipfel.**

Von der Hütte aus steigen wir über die Südflanke des Heimgarten zur **Ohlstädter Alm** (2.45 Std.) ab, die genau im Sattel zwischen Heimgarten und Rotwandkopf liegt. Ein kurzer Anstieg führt uns um den Rotwandkopf herum zu einem langen, bewaldeten Kamm, der fast bis nach Walchensee hinunterführt. Unser Weg zieht sich zuerst oben entlang und fällt nur langsam ab. Dort wo der Kamm zum See hin abbricht, beginnen steile Serpentinen, die uns rasch ins Tal bringen. Links vom Weg begleitet uns der Deiningbach, er führt uns durch den Ort Walchensee direkt zur **Talstation der Herzogstandbahn** (4.30 Std.) zurück.

Waldberg mit freier Gipfelsicht

Von Pessenbach auf den Rabenkopf

Vom Kochelseemoor aus sieht der über und über mit Wald bewachsene Rabenkopf recht langweilig aus. Doch nach oben hin wird der Wald immer lichter und am Gipfel erweist er sich als erstklassiger Aussichtsberg.

DIE WANDERUNG IN KÜRZE

++
Anspruch

4.30 Std.
Gehzeit

900 m
An-/Abstieg

Charakter: gemütliche Ganztagswanderung auf schattigen Forststraßen und Bergpfaden, im Gipfelbereich Trittsicherheit und Schwindelfreiheit erforderlich (kritische Stelle kann umgangen werden)

Wanderkarte: Umgebungskarte 1:50 000 Bad Tölz–Lenggries oder Karwendelgebirge

Einkehrmöglichkeiten: keine

Anfahrt: Mit dem **Bus**
9593 Wolfratshausen–Kochel oder 9612 Bad Tölz–Kochel in Pessenbach beim Wanderparkplatz aussteigen. Mit dem **Auto** Autobahn A 95 München-Garmisch zur Ausfahrt Kochel/Murnau, über Großweil und Schlehdorf nach Kochel und auf der B 11 Richtung Benediktbeuern. Etwa 3 km nach Kochel in Pessenbach auf der linken Straßenseite Wanderparkplatz.

Unsere Wanderung beginnt in **Pessenbach** zwischen Benediktbeuern und Kochel. Auf einer Forststraße wandern wir über die Weidewiese bergauf. Das **Ötzschlössl** auf der linken Seite des Weges wurde um die Jahrhundertwende von dem Münchner Fabrikanten Johann Pensberger

als Landsitz gebaut. Bei einer Quellfassung kommen wir in den Wald, gleich darauf biegt die Straße rechts ab und quert einen Skihang. Nach einer Wildfütterungsstelle mit Futtersilo teilt sich der Weg, wir steigen links aufwärts und bleiben immer auf der breiten, schattigen Forst-

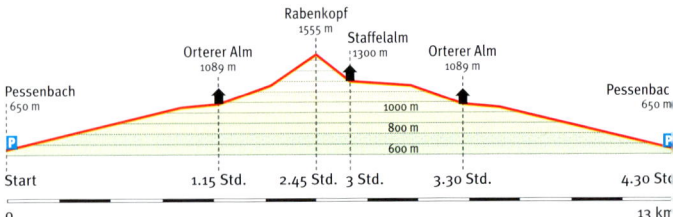

Rabenkopf
1555 m
Staffelalm
1300 m
Orterer Alm
1089 m
Orterer Alm
1089 m
Pessenbach
650 m
Pessenbach
650 m
1000 m
800 m
600 m
Start
1.15 Std.
2.45 Std.
3 Std.
3.30 Std.
4.30 Std.
0
13 km

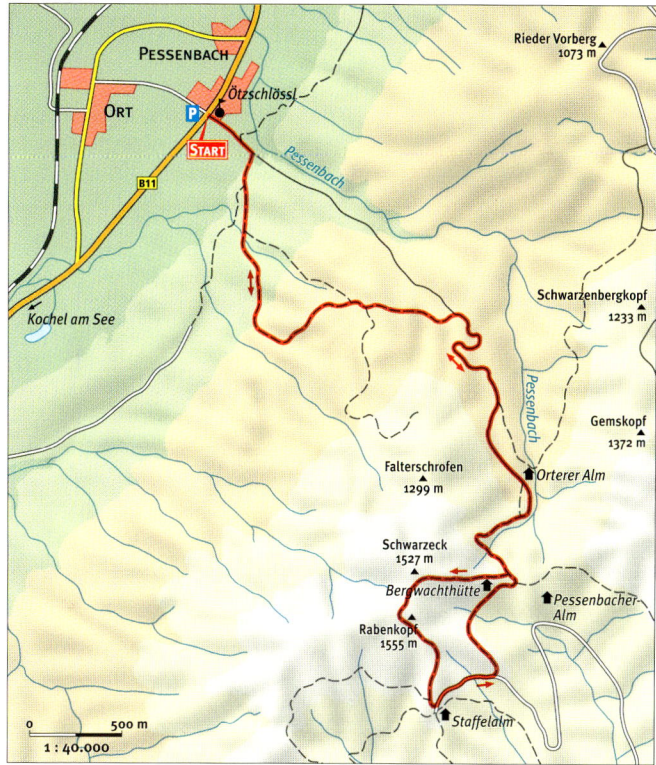

straße. Der Weg ist gut ausgeschildert, so dass nie Zweifel über die Richtung aufkommen. Bei zwei großen Steinen am Straßenrand (45 Min.) biegt die Forststraße nach rechts, jetzt öffnet sich der Wald ein wenig und erlaubt einen ersten Blick auf das Kochelseemoor und das Kloster Benediktbeuern.

Beim Weiderost haben wir die halbe Höhe zum Gipfel geschafft, jetzt geht es fast eben zur **Orterer Alm** (1.15 Std.). Sie liegt unterhalb eines großen Wiesenhangs, der sich fast bis zum Rabenkopf hinaufzieht. (Bis hierher lässt sich die Wanderung auch recht gut an schneearmen Wintertagen machen, der Weiterweg ist dann allerdings durch Lawinen gefährdet!)

An der Alm endet der breite Weg, von da an zieht sich ein Steig auf der linken Seite des Grashangs in steilen Serpentinen bergauf. Noch im unteren Drittel des Weges kommen wir an dem Gedenkstein für das Bergwachtmitglied Josef Weinzierl aus Penzberg vorbei, den an dieser Stelle 1954 auf einem Dienstgang eine Lawine erfasst hat. Weiter oben überqueren wir ein kleines Bächlein, dann stehen wir auf dem **Sattel** zwischen Rabenkopf und Glaswand (1.45 Std.) und genießen den schönen Blick nach Süden in die Jachenau und zum Karwendel.

Variante: Vom Sattel führen zwei Wege auf den Rabenkopf. Der eine ist deutlich sichtbar und führt zunächst rechts am Hang entlang zur **Staffelalm** und von dort auf den Gipfel. Wer sich nicht sicher fühlt, geht auf diesem Weg auf den Gipfel, ansonsten ist er der Rückweg.

Wir nehmen das schmale Weglein, das am Grat des Bergrückens entlangführt. Unmittelbar nach dem Sattel kommen wir an der **Bergwachthütte** vorbei, die allerdings nur an Wochenenden besetzt ist. Dann schlängelt sich der Steig bergauf. Tief unter uns liegt die Orterer Alm mit ihrer steilen Wiese. Wir erreichen einen kleinen, mit Gras bewachsenen Vorgipfel (2.30 Std.) und müssen noch ein paar Meter in einen Sattel absteigen. Wenn im Frühjahr oder im Herbst ein kühler Gipfelwind pfeift, dann bietet sich dieser Sattel als windstiller Rastplatz an. Auf einem mit Drahtseil und Eisenklammern gut gesicherten Steig klettern wir schließlich die letzten Meter auf den **Gipfel** (2.45 Std.). Bei guter Sicht kann man im Norden die Hochhäuser und den Fernsehturm von München gut erkennen, links davon liegen Starnberger See und Ammersee. Die weißen Kugeln unterhalb des Ammersees, die aussehen wie Riesenboviste, sind die Satellitenantennen von Raisting. Direkt unter uns liegt das riesige Kochelseemoor; noch vor 300 Jahren war es für Wegunkundige völlig undurchdringlich. Die Autobahn A95 München–Garmisch, die sich auf der Westseite des Moors entlangzieht, ist inzwischen so zugewachsen, dass sie nur mehr als lang gezogene Buschreihe erscheint. Auch der Wanderweg über das Moor (Tour 31) nach Benediktbeuern ist gut sichtbar. Direkt zu unseren Füßen liegt Kochel, darüber Herzogstand und Heimgarten (Tour 29). Über dem Simetsberg (Tour 28) steht die Zugspitze, dann folgen die Kalkgipfel des Karwendels. Der lang gestreckte Grasberg mit der Alm vor uns ist der Hirschhörnlkopf, dahinter liegt die Jachenau. Links schließen sich die Berge um den Achensee an, den felsigen Guffert kann man als Landmarke benutzen, um die Nebengipfel auf der Karte zu identifizieren. Dann folgen, fast in unserer Nachbarschaft, die Benediktenwand und schließlich die waldigen Vorberge Blomberg und Zwiesel über Bad Tölz. Am Gipfel des Rabenkopfs wächst im Sommer der schöne Türkenbund, eine streng geschützte botanische Rarität.

Wir überqueren den Gipfel und steigen auf dem schmalen Weg zur **Staffelalm** ab (3 Std.). Auch diese Alm ist nicht mehr bewirtschaftet, der Bauer sömmert nur mehr Jungvieh. An der Alm wenden wir uns nach links und wandern ein Stück die Almstraße entlang. Schon nach 5 Min. zweigt links ein Steig ab, der uns am Osthang des Rabenkopfs zum Sattel unter der Bergwachthütte führt (3.15 Std.). Von hier steigen wir auf dem schon bekannten Weg wieder zur **Orterer Alm** ab (3.30 Std.), dann geht es auf der breiten Forststraße zurück ins Tal nach **Pessenbach** (4.30 Std.).

Moorboden und Bauernland

Durch das Kochelseemoor nach Benediktbeuern

Wandert man durch das fruchtbare Acker- und Weideland nach Benediktbeuern, kann man sich kaum mehr vorstellen, dass dieses Gebiet noch vor ein paar hundert Jahren ein Sumpf war, in den sich höchstens mutige Jäger auf Schleichpfaden wagen konnten.

DIE WANDERUNG IN KÜRZE

+
Anspruch

4.30 Std.
Gehzeit

15 km
Länge

Charakter: einfache Ganztageswanderung größtenteils auf Feld- und Dammwegen, auch mit Kinderwagen möglich, nach Regentagen teilweise sehr feucht

Wanderkarte: Umgebungskarte 1:50 000 Bad Tölz–Lenggries

Einkehrmöglichkeiten: Gaststätten in Benediktbeuern und Ried

Anfahrt: Zum Ausgangspunkt unserer Wanderung fahren keine öffentlichen Verkehrsmittel. Man fährt mit der **Bahn** von Penzberg oder Kochel nach Benediktbeuern (Bahnhof beim Kloster) oder mit dem **Bus** 9593 Wolfratshausen–Kochel oder 9612 Bad Tölz–Kochel ebenfalls nach Benediktbeuern, geht in ca. 10 Min. zum Kloster und beginnt die Wanderung dort. Mit dem **Auto** von der Autobahn A 95 München–Garmisch, Ausfahrt Sindelsdorf, Richtung Bad Tölz. Wanderparkplatz vor der Loisachbrücke.

Baden: von Mai bis zum Beginn des Schneefalls im Alpenwarmbad Benediktbeuern

Achtung: Wir wandern durch das Wiesenbrütergebiet »Loisach-Kochelseemoor«. Das Verlassen der Wege ist vom 20.03. bis 15.07. verboten, um die außerordentlich seltenen Vögel nicht zu gefährden.

Unsere Wanderung beginnt an der **Loisachbrücke** zwischen **Sindelsdorf** und **Bichl.** Auf dem Flussdamm am orographisch rechten Loisachufer wandern wir nach Süden. Die Bächlein, die wir überqueren, zeigen an, dass wir auf altem Moorboden wandern, der inzwischen weitgehend entwässert ist und damit landwirtschaftlich genutzt werden kann. Dennoch gibt es hier viele nur extensiv genutzten Flächen, auf denen im Frühsommer verschiedene Knabenkrautarten, blaue Schwertlilien, Mehlprimeln, Blutströpfchen, gelber Arnika und Wollgras wachsen. Im Frühling kann man mit etwas Glück ganze Wiesen voller Enzian finden. Wir wandern an zwei Stadeln vorbei (15 Min.); etwa 200 m weiter stoßen wir links auf einen Weg. Hier wird später unser Rückweg einmünden.

Tour 31

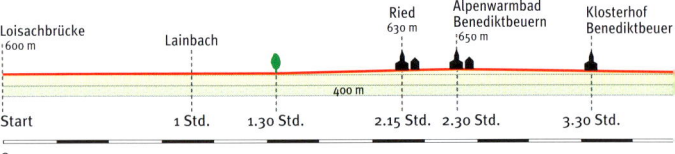

Das Kochelseemoor, im Hintergrund Benediktenwand, Jochberg und Herzogstand

(Wer den Weg in Benediktbeuern beginnt, biegt hier links in den Dammweg ein.) Links tauchen die barocken Zwiebeltürme des ehemaligen Benediktinerklosters unter den Felsen der Benediktenwand auf, wer den Weg um knapp zwei Stunden abkürzen will, der biegt bei einer Bank in den »Rundweg 1 – Abkürzung« vom Loisachdamm ab und geht durch die Wiesen auf das Kloster zu.

Die vielen Heuschober, die überall verstreut sind, waren vor allem früher wichtig. Im Sommer, wenn man die Wiesen mähen konnte, waren sie so nass, dass die schmalen Räder der Fuhrwerke hoffnungslos eingesunken wären. So lagerte man das Heu in den Hütten, bis im Winter der gefrorene Boden den Transport erlaubte.

Wir wandern weiter die Loisach aufwärts bis zur **Mündung des Lainbachs** (1 Std.). Jetzt verlassen wir den Fluss und gehen am Bach entlang, bis wir ihn an einer Brücke überqueren können. Nach ihr geht es auf der anderen Seite des Baches zum Weiler Brunnenbach. Wir laufen

Loisachbrücke 600 m	Lainbach		Ried 630 m	Alpenwarmbad Benediktbeuern 650 m	Klosterhof Benediktbeuer
				400 m	
Start	1 Std.	1.30 Std.	2.15 Std.	2.30 Std.	3.30 Std.

Dort biegen wir in spitzem Winkel links ab. Die Ortsstraße wird rasch zu einem Feldweg, er bringt uns zu zwei Stadeln. Von hier aus gehen wir auf einem schmalen Wiesenweg direkt zum Waldrand. Schon ca. 30 m dahinter stoßen wir auf eine Teerstraße und wandern auf ihr rechts zum **Alpenwarmbad** von Benediktbeuern (2.30 Std.).

Unser nächstes Ziel nach einem Bad oder einer Rast im dazugehörigen Wirtshaus ist das alte Benediktinerkloster. Wir überqueren nochmals den Lainbach, der in den letzten Jahren aufwendig verbaut wurde. Das war bitter notwendig, denn bei starkem Gewitterregen konnte dieses so harmlos fließende Wässerchen gewaltige Verheerungen anrichten. Nach der Brücke lassen wir das Sportgelände rechts liegen und halten uns bei der nächsten Straßengabel rechts. Wir wandern durch das Dorf **Benediktbeuern** mit seinen schönen Bauernhäusern zur Bundesstraße B 11. Wir überqueren sie und kommen geradeaus direkt zum Kloster. Nach dem Bahnübergang wenden wir uns nach links, wandern an der ehemaligen **Klosterökonomie** entlang, passieren oder besuchen die Klosterwirtschaft und gehen noch ein Stück weiter zum nächsten Bahnübergang. Hier liegt rechts am Eck die ehemalige **Fraunhofer Glashütte**, von außen unscheinbar, weil sie aussieht wie eine Feldscheune, innen aber ist sie hochinteressant, denn es ist die vollständig erhaltene Arbeitsstätte des Optikers Josef Fraunhofer, der in der ersten Hälfte des 19. Jh. die Herstellung von optischen Geräten wie Fernrohre, Teleskope oder Theodoliten revolutionierte. Geräte aus dieser Werkstatt waren zu seiner Zeit als absolute Spitzenleistungen in

an den Häusern vorbei zu einer kleinen Baumgruppe, die oft als Wanderparkplatz missbraucht wird (1.30 Std.). Hier gabeln sich die Wege, wir nehmen den linken ungepflasterten Wirtschaftsweg Richtung Ried. Er führt geradewegs auf den Bahndamm der Strecke Penzberg–Kochel zu, eine Unterführung bringt uns auf die andere Seite. Etwa um 50 m nach links versetzt, wandern wir auf einer Teerstraße durch das Wohngebiet von Ried zur Bundesstraße B 11 (2.15 Std.). Wir überqueren sie und halten zuerst rechts auf den Maibaum zu.

sachbrücke
600 m

4.30 Std.

15 km

der ganzen Welt verbreitet. Man kann die Glashütte jederzeit ohne Eintritt besichtigen. Wir biegen rechts ab und kommen an der alten bemalten Klosterbibliothek vorbei in den **Klosterhof** (3.30 Std.).

Nach der Besichtigung von Kirche oder Kloster verlassen wir den Hof durch den Westausgang gegenüber der Klosterkirche und gehen zwischen der großen Scheune und dem Fußballplatz hindurch wieder ins Moor. Am Wegrand haben die Studenten von Benediktbeuern mehrere große Feuchtbiotope angelegt. Von festen Wegen und einem Beobachtungsstand aus lässt sich hier die reiche Tier- und Pflanzenwelt be-

trachten, die das Benediktbeurer Moos so wertvoll macht.

Am **Wanderparkplatz** nehmen wir den »Rundweg 1«, wandern am alten, aufgelassenen **Schwimmbad** des Klosters vorbei und halten dann rechts auf den **Sportflugplatz** zu. Etwa in der Verlängerung der Landebahn wendet sich der Weg nach links und führt als lange, schnurgerade Birkenallee auf ein Wäldchen zu. Hier ist der gerade Weg versperrt, wir weichen nach links aus und stoßen kurz darauf an das **Loisach-ufer,** von wo wir, am Flussufer entlang, wieder zur **Loisachbrücke** zurückkehren (4.30 Std.).

Ein versteckter Aussichtsberg

Auf den Rötelstein

Man muss sich schon gut mit den Bergen des Loisachtals auskennen, wenn man den Rötelstein von unten entdecken will. Ganz versteckt liegt er in dem riesigen Waldgebiet, das Herzogstand und Heimgarten vorgelagert ist.

DIE WANDERUNG IN KÜRZE

++

Anspruch

3.30 Std.
Gehzeit

650 m
An-/Abstieg

Charakter: einfache Halbtageswanderung auf Forststraßen und Bergpfaden, im Wald etwas Orientierungssinn erforderlich

Wanderkarte: Umgebungskarte 1:50 000 Bad Tölz–Lenggries oder Karwendelgebirge

Einkehrmöglichkeiten: keine

Anfahrt: Der **Bus** 9611 von Kochel nach Obersöchering hält am Parkplatz des Freilichtmuseums Glentleiten, von hier etwa 10 Min. zum Ausgangspunkt. Mit dem **Auto** Autobahn A 95 München–Garmisch Ausfahrt Kochel/Murnau nach Großweil, im Ortszentrum rechts Richtung Museum und Gasthof Kreutalm (beschildert). Am Museum vorbei Richtung Gasthof, ca. 200 m weiter unter der großen Hochspannungsleitung besteht Parkmöglichkeit

Ausgangspunkt unserer Wanderung ist das Ende der Straße, die von **Großweil** über das **Freilichtmuseum Glentleiten** am **Gasthof Kreutalm** vorbeiführt. Wir umgehen die Schranke, die den weiteren Verkehr sperrt, und wandern auf der breiten Forststraße in den Wald. Buchenwald wechselt sich mit Nadelwald ab, im Frühjahr leuchtet das frische Grün, im Herbst das goldene Gelb der Buchen aus dem dunklen Nadelwald. Leicht ansteigend erreicht der Weg eine Lichtung (20 Min.). Rechts steht ein Feldkreuz aus Gusseisen, wie es vor der Jahrhundertwende Mode war. Kräftig duftende Rossminze wächst auf dieser Wiese, im Herbst ist sie über und

über besät mit Herbstzeitlosen, die schon vom nahen Winter künden.

Kurz darauf gehen wir an der Abzweigung nach Schlehdorf vorbei, links oben im Wald stehen zwei **Jagdhäuser.** Wir passieren noch einmal zwei Feldkreuze, dann schickt uns ein Wegweiser nach links auf einen ausgewaschenen und steinigen Hohlweg (30 min). Er gabelt sich schon nach etwa 50 m, wir gehen rechts, genauso bei der nächsten Gabelung. Ein gutes Stück weiter oben teilt sich unser Weg gleich dreifach (1 Std.), hier bleiben wir in der Mitte, wenngleich der rechte Weg viel Vertrauen erweckender aussieht. Ab hier können wir immer auf

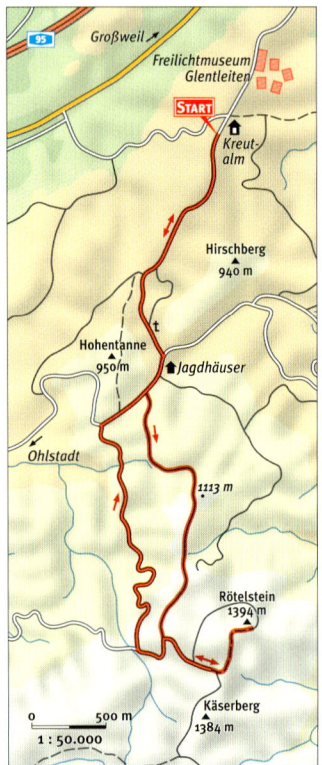

auf das Murnauer Moos (Tour 35) und das Ettaler Manndl (Tour 16). Kurz danach treffen wir auf eine Forststraße (1.30 Std.), der wir nach links aufwärts folgen. Der Wald ist jetzt recht licht geworden. Die großen Buchen haben ihren Samen in Massen abgeworfen, überall wachsen junge Buchen zwischen den alten Bäumen. Die jungen Stämmchen stehen aber nicht gleichmäßig und kreisförmig um ihren Mutterbaum, sondern drängen sich jeweils im Osten, weil der Wind hier hauptsächlich von Westen weht und die Bucheckern als Samen ein gutes Stück fortträgt.

Ein paar Meter vor einem Marterl für einen verunglückten Forstarbeiter biegen wir links in einen Holzabfuhrweg ab. Er gabelt sich nach ein paar Schritten, wir gehen rechts und gleich darauf wieder links in einen schmalen Pfad, der durch den Wald zuerst in einen flachen Sattel führt. Hier wendet er sich nach rechts, ein paar Minuten später stehen wir auf dem Gipfel des **Rötelstein** (2 Std.).

Neben einem Gipfelkreuz aus Aluminium laden ein paar einfache Bänke zur Rast ein. Über uns steht im Süden der Heimgarten mit seinem langen Grat zum Herzogstand (Tour 29), weit unten liegt der Kochelsee, dahinter ragen die Berge der Benediktenwandgruppe auf. Im Norden sieht man die großen bayerischen Seen, den Starnberger See und den Ammersee, es folgt die Murnauer

dem Hauptweg bleiben, man erkennt ihn deutlich. Wo er fast eben wird, sehen wir durch den Wald schon unser Ziel, den Rötelstein. Langsam öffnet sich der Wald nach Norden, wir erkennen durch die Bäume Murnau, den Riegsee und den Staffelsee (Tour 34), einige Meter weiter hat man endlich freien Blick

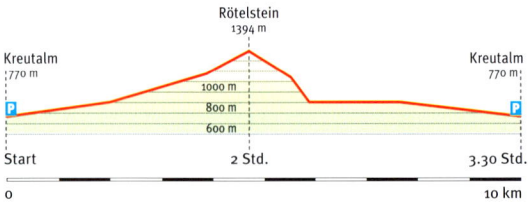

Moorlandschaft, die wir schon beim Anstieg bewundert haben.

Zurück gehen wir auf dem schon bekannten Weg bis an die Stelle, wo wir auf die Forststraße gestoßen sind (2.15 Std.). Jetzt aber folgen wir nicht mehr dem schmalen Weg durch den Wald, sondern bleiben auf der Forststraße, die etwas westlich von unserem Anstieg bergab führt. Wir gehen an der Abzweigung nach Ohlstadt vorbei, wandern unter einer hohen Felswand durch und treffen kurz nach einer Schranke auf die Fortsetzung der Straße, die wir beim Anstieg verlassen haben (3 Std.). Hier wenden wir uns nach rechts, 5 Min. später sind wir bei der Abzweigung vom Anstieg, dann geht es auf dem bekannten Weg zum Ausgangspunkt über der über der **Kreutalm** zurück (3.30 Std.).

Neue Heimat für alte Häuser

Das Freilichtmuseum Glentleiten ist seit seiner Eröffnung 1976 zu einem einzigartigen Kulturzentrum geworden. Als der Bezirkstag von Oberbayern 1971 den Entschluss fasste, das Museum zu gründen, war er zunächst von dem Gedanken getragen, die alte bäuerliche Wohnkultur, die unrettbar dem Untergang geweiht war, für die Nachwelt zu bewahren. Auch die Bauern wollten ja an den Errungenschaften moderner Wohnkultur teilhaben, wollten nicht mehr in dunklen Räumen mit einer Stehhöhe von nur 1.80 m wohnen. So fanden sich überall im Bezirk Oberbayern verlassene Häuser, die dem Verfall preisgegeben waren. Auf dem riesigen Areal des Museums wurden sie ortsgetreu wieder aufgebaut, mit allen Nebengebäuden und selbstverständlich auch mit den Gär-

ten, die früher jedes Haus besaß. Neben den wieder aufgebauten Bauernhöfen findet man hier auch die Werkstätten der vielen Handwerksbetriebe, die früher in den Dörfern üblich waren.

Damals, zu Beginn der 70er-Jahre, mussten die Mitarbeiter des Museums erst Methoden entwickeln, um die Gebäude Stück für Stück abzutragen und an Ort und Stelle wiederaufzubauen. Dabei wurde und wird sorgfältig darauf geachtet, dass nur Originalteile wieder verwendet werden. Nur in Ausnahmefällen sollte mit neuen Bauteilen ergänzt werden. Genau da begannen die Probleme. Es gab keinen Zimmermann mehr, der mit dem Seitbeil einen Balken behauen konnte, niemand wusste, wie man mit Holznägeln eine Dachkonstruktion dauerhaft abbindet, keiner konnte mehr Dachschindeln machen. Damit ist dem Museum eine zweite Aufgabe erwachsen: das Bewahren alter Handwerkstechniken. Inzwischen ist es der Museumsleitung gelungen, wohl allen wichtigen Handwerksbetrieben, die früher im Dorf oder in einer kleinen Stadt zu finden waren, Platz zu geben. Man hat nicht nur Leute aufgespürt, die diese Techniken noch beherrschten, sondern sie haben in den letzten Jahren ihr Wissen darüber an junge Menschen weitergegeben, so dass es hoffentlich für zukünftige Generationen erhalten bleibt. Wenn an einem der Handwerkertage viele tausend Besucher ins Museum strömen, um sich anzusehen, wie man Wetzsteine macht, wie man ein Seil dreht, in einer Wassermühle einen Baum zu Brettern zersägt oder wie man Schmalznudeln am offenen Feuer backt, dann zeigt das, dass sich das Doppelkonzept des Museums bewährt hat.

Tour 33

Auf den Spuren der Römer

Von Ohlstadt über das Heldenkreuz nach Oberau

Diese Wanderung folgt auf weiten Strecken einem alten Fernweg durch das Loisachtal, den bereits die Römer benutzt haben. Heute ist der Verkehr an die andere Talseite verbannt, wir können ungestört das wechselnde Landschaftsbild genießen.

DIE WANDERUNG IN KÜRZE

++
Anspruch

Charakter: anstrengende Ganztagswanderung auf guten Wegen; kann um 3 Std. abgekürzt werden

8 Std.
Gehzeit

Wanderkarte: Umgebungskarte 1:50 000 Karwendelgebirge oder Werdenfelser Land

27 km
Länge

Einkehrmöglichkeiten: Gasthäuser in Eschenlohe Oberau und Ohlstadt

Anfahrt: Ohlstadt erreicht man mit der **Bahn** München–Garmisch im Stun-

dentakt, mit dem **Auto** Autobahn A 95 München-Garmisch, Ausfahrt Kochel/Murnau, weiter Richtung Murnau, unmittelbar nach dem Gut Schwaiganger links nach Ohlstadt. Parkmöglichkeit um Kirche und Rathaus.

Achtung: Nach starken Regenfällen empfehlen wir die Abkürzung, der Rückweg von Oberau ist dann oft überschwemmt!

Unsere Wanderung beginnt am Maibaum vor dem **Rathaus von Ohlstadt.** Auf der Kaulbachstraße kommen wir an der Villa des Münchner Malerfürsten Kaulbach vorbei, die heute der LVA Unterfranken gehört. Das noch im Originalzustand erhaltene Atelier des Malers kann besichtigt werden (1. April bis 30. Nov. Mi und Sa von 16–18 Uhr). Nach der Villa biegen wir links in die Boschet-

straße ein. Die kleine Teerstraße führt uns über die Kaltwasserlaine und den Greiterbach zu den Sportplätzen des Dorfes am Waldrand. Wir wenden uns nach rechts und passieren die Bobanschubbahn, auf deren Schienen die Bobsportler von Ohlstadt den Start üben können. Auf der ungeteerten Forststraße geht es zwischen Wald und Viehweiden langsam aufwärts. Rechts über den

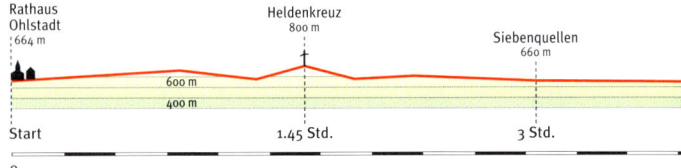

Rathaus Ohlstadt 664 m · Heldenkreuz 800 m · Siebenquellen 660 m · 600 m · 400 m · Start · 1.45 Std. · 3 Std. · o

Wiesen sieht man die Boschetkapelle, die »Unserem Herrn in der Ruh« geweiht ist. Die Bauern von Ohlstadt ziehen jedes Jahr am 14. September mit einem Bittgang zur Kapelle, um für die Gesundheit ihres Viehs zu beten.

Nach einem Holzlagerplatz wird der Weg steiler, er windet sich zwischen den Pfaffenwänden und dem Heuberg im Wald aufwärts zu einer verschlossenen Schranke (45 Min.). Diese verhindert wirkungsvoll, dass Ortskenner den Weg als Abkürzer in das Loisachtal benutzen.

Jetzt geht es wieder abwärts. Wenn sich auf der rechten Seite der Blick über das Murnauer Moos öffnet und gleich darauf die Kirche von Eschenlohe zwischen den Bäumen auftaucht, müssen wir aufpassen. Kurz danach zweigt links bei einer Rastbank der **Weg zum Heldenkreuz** ab (1.15 Std.). Vorsicht, der Wegweiser steht so, dass er aus unserer Gehrichtung nicht zu lesen ist.

Auf einem schmalen Bergpfad steigen wir in vielen Serpentinen nach oben. Der Weg ist gut ausgebaut und gepflegt, einzelne Stufen erleichtern den Anstieg. Überdies spendet der Bergwald Schatten, verwehrt allerdings auch den Fernblick. Erst ziemlich weit oben öffnet sich der Wald ein wenig, wir schauen durch die Bäume auf die barocke Murnauer Nikolauskirche und auf das leider sehr hässlich in die Landschaft gestellte Unfallkrankenhaus. Unter uns liegt das große Moor mit

seinen Urgesteinsköcheln und darüber die Hörnlegipfel (Tour 13). Fast überraschend stehen wir dann plötzlich auf einem kleinen Plateau am Südwesthang der Osterfeuerspitze, auf dem der Trachtenverein Eschenlohe 1946 das **Heldenkreuz** aufgerichtet hat, das an die Opfer der Kriege erinnert (1.45 Std.). Einmal im Jahr findet hier ein feierlicher Gedächtnisgottesdienst statt.

Der Platz ist hervorragend gewählt: 240 m über dem Loisachtal steht das Kreuz auf einer fast senkrecht abfallenden Felswand, die Sicht nach Süden auf das Flusstal ist einmalig schön. Unter uns liegt Eschenlohe, dahinter erstreckt sich das Pfrühlmoos, das praktisch das ganze Tal zwischen Eschenlohe und Oberau ausfüllt. Hier hat die Stadt München in den 8oer-Jahren Tiefbrunnen graben lassen, um die Trinkwasserversorgung der Großstadt auch über die Jahrtausendwende hinaus zu sichern. Dieses Moor war aber auch der Grund, weshalb früher fast der gesamte Fernhandel von Oberau über den steilen Ettaler Sattel Richtung Oberammergau geführt werden musste. Zu oft war die Straße, die damals zwischen Estergebirge und Moor hindurch führte, für die schweren Fuhrwerke unpassierbar. Der Weg ist von hier aus gut zu sehen, wir werden ihn im zweiten Teil der Wanderung benutzen. Selbst heute noch ist das Moor fast unerschlossen, die Trassen von Bahn und Bundesstraße sowie die

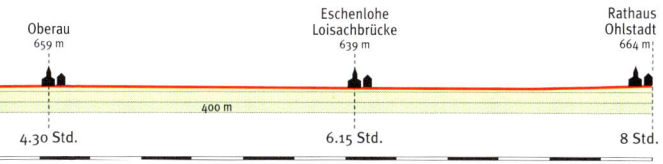

Oberau 659 m		Eschenlohe Loisachbrücke 639 m		Rathaus Ohlstadt 664 m
4.30 Std.		6.15 Std.		8 Std.

400 m

27 km

Tour 33

regulierte Loisach drängen sich dicht an die Hänge des Auer Berges. In der Ferne öffnet sich das Tal zum Werdenfelser Land, der Kramer (Tour 21) und das Wettersteinmassiv mit der Zugspitze begrenzen meist schemenhaft das Panorama. Links ragt das steile Estergebirge in den Himmel, die Hohe Kisten und der Simetsberg (Tour 28) sind unsere unmittelbaren Nachbarn über der Schlucht der Eschenlaine.

Nach unserer Schaurast steigen wir zur **Forststraße** zurück und erreichen auf ihr einen kleinen Wanderparkplatz. Wir wenden uns nach links und passieren kurz darauf ein schönes Feldkreuz. Es wurde von einer Mutter gestiftet, deren Sohn unbeschadet aus dem Zweiten Weltkrieg nach Hause zurückkehrte. An der Abzweigung »Eschenlohe über Katzensteig« gehen wir vorbei und kommen an eine lang gestreckte Weidewiese. Hier zweigt rechts der Weg über die Wiese und durch lichten Wald zur **Asamklamm** ab. Die Schlucht ist nach dem Murnauer Sanitätsrat Dr. Asam benannt, der sie vor der Jahrhundertwende als Erster durchstiegen hat. Eine kleine Bank etwas abseits des Weges markiert die Stelle, von der aus man am besten in die tief eingegrabene Klamm blicken kann (2.30 Std.). Die Eschenlaine ist ein typischer Trockenbach: Nur bei der Schneeschmelze oder wenn es in ihrem Quellgebiet am Simetsberg stark regnet, führt sie Wasser, dann aber kann sie ganz schnell zu einem reißenden Bach werden. Nach rechts blickt man über das Loisachtal auf das Kalvarienbergkirchlein am Vestbichl. Dort stand früher die Burg der Herren von Eschenlohe.

Gut gesicherte Treppen führen uns abwärts zu einer **Eisenbrücke**;

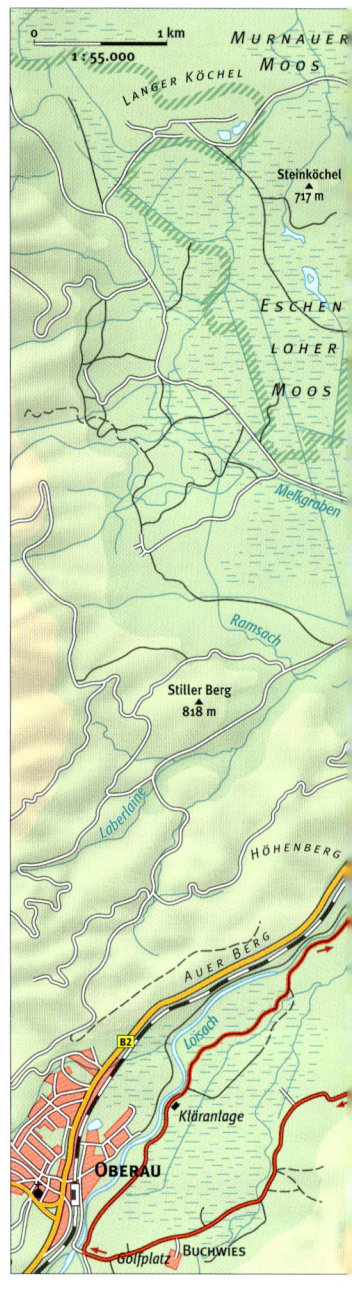

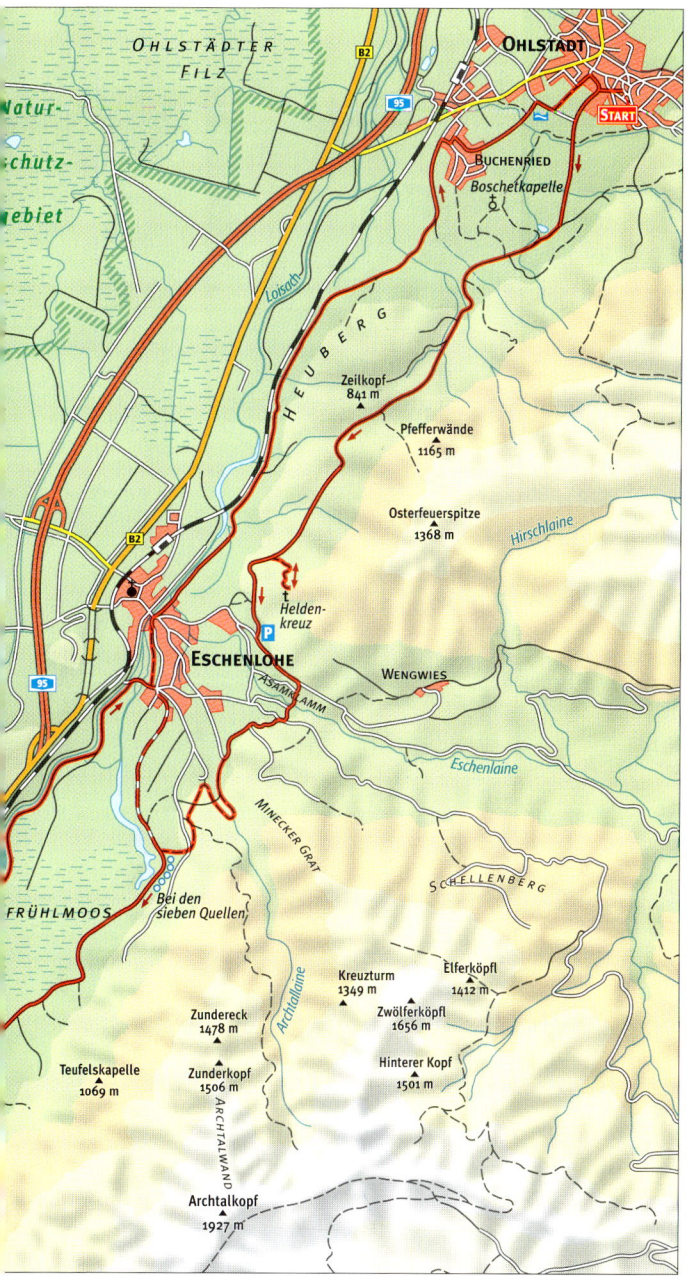

Das Heldenkreuz

tief unter uns liegt die Klamm mit ihren bizarren Felsauswaschungen. Man kann sich gut vorstellen, dass es eine recht kühne Expedition war, als der Sanitätsrat Asam durch Wassergumpen und über Felsen in der Schlucht nach oben kletterte.

Am anderen Ufer steigen wir wieder über Treppen aufwärts und halten uns im Wald talauswärts leicht nach links, bis wir eine breite Forststraße, den **Schellenbergweg** erreichen. Ihm folgen wir rechts, nach einer großen Linkskurve ist er durch eine Schranke abgesperrt. Hier zweigt rechts der Weg nach Eschenlohe ab, wir wandern geradeaus weiter, passieren nochmals eine Abzweigung rechts und kommen in weitem Linksbogen an einen Talschluss. Die Archtallaine stürzt hier in wilden Kaskaden vom Berg und bringt so viel Kies mit, dass er regelmäßig ausgebaggert werden kann. Wir können dieses Kiesbett trockenen Fußes überqueren, das Wasser versickert fast immer in dem lockeren Geröll. Am anderen Ufer steht ein Wegweiser, hier wenden wir uns zuerst nach rechts bachabwärts und bereits nach etwa 20 m

wieder links vom Bach weg. Dieser Pfad führt uns durch den Wald zu den Sportplätzen von Eschenlohe. Vor ihrem Zaun biegen wir links ab und gehen zwischen Zaun und Wald zu einer Forststraße. Hier steht die Bergstation eines Skiliftes. Wir lassen sie rechts liegen und wandern an ihr vorbei in den Wald. Schon nach ca. 50 m biegen wir rechts ab und dann geht es steil abwärts zu einem für öffentlichen Verkehr gesperrten Fahrweg, auf dem wir nach links an **Siebenquellen** vorbei weiter wandern (3 Std.).

Variante: Wem der ganze Weg zu lang ist, schaut sich die vielen Quellen an und wandert über den Fahrweg nach Eschenlohe zurück. Bei der Loisachbrücke stößt man wieder auf den Wanderweg nach Ohlstadt (Zeitersparnis ca. 3 Std.).

Die Quellen sind ein recht eindrucksvolles Naturschauspiel. Eine wasserführende Schicht aus dem Estergebirge stößt hier an das Tageslicht und entlässt gewaltige Mengen Wasser in das Moor auf der rechten Seite der Straße. Selbst an den heißesten Sommertagen ist dieses Bergwasser eiskalt.

Wir wandern jetzt auf der alten Römerstraße zwischen Moor und Berghang südwärts, direkt auf das Wetterstein mit der Zugspitze zu. An einer Wildfütterung vorbei führt uns der Weg zuerst um eine alte **Mure,** die schon weitgehend zugewachsen ist. Dann, etwa 15 Min. später, kommen wir an eine Stelle, an der das Bergwasser erst in jüngster Zeit Schutt und Geröll ins Tal gespült hat (3.45 Std.). Hier holen sich die Oberauer ihren Kies. Das macht die gewaltigen Mengen erst richtig sichtbar, die das Wasser vom Berg gespült hat: Obwohl man deutlich erkennt, dass schon viele Wagenladungen fortgeführt sind, ist der freigeräumte Platz winzig im Vergleich zur Gesamtmenge.

Wir überqueren den **Lauterbach,** dem wir später bei seiner Mündung in die Loisach wieder begegnen werden und wandern in großem Bogen an einem Golfplatz vorbei auf Oberau zu. Vor dem ersten Haus von Oberau werden wir später rechts den Rückweg beginnen, doch erst wollen wir im Ort die Mittagsrast genießen. Zu den Gasthäusern an beiden Seiten der Bundesstraße sind es nur ein paar Minuten (4.30 Std.).

Für den Rückweg wählen wir die **rechte Loisachseite.** Der Weg auf der linken Seite zieht sich dicht an der stark befahrenen Bundesstraße B 2 entlang und ist deshalb sehr laut. Der breite und gut befestigte Weg führt an der Kläranlage von Oberau vorbei, schneidet dann einen flachen Flussbogen ab und kommt schließlich dicht an den Lauterbach, der hier etwas angestaut ist (5.30 Std.). Hier ist nochmals Gelegenheit für eine kurze Rast und eine Erfrischung. Wir überqueren den Lauterbach, der

unmittelbar darauf in die Loisach fließt. Vor allem im Frühjahr, wenn das Loisachwasser von der Schneeschmelze her milchig trüb ist, kann man sein braunes Wasser auf der rechten Fluss-Seite bis nach Eschenlohe verfolgen. Am Loisachufer entlang führt unser Weg zu den ersten Häusern von Eschenlohe. Wir durchqueren nach rechts einen Werkhof und biegen unmittelbar danach links in einen Fußweg ein, der uns direkt ins Zentrum von **Eschenlohe** zur **Loisachbrücke** führt (6.15 Std.).

In Eschenlohe vergessen wir nicht, die wunderschöne Kirche zu besichtigen. Sie liegt am anderen Ufer des Flusses. Unser Weiterweg führt uns wieder auf der rechten Fluss-Seite durch die Heubergstraße. Kurz hinter den letzten Häusern des Ortes, die schon etwas abseits stehen, kommen wir zur Bahnbrücke. Vor ihr wenden wir uns nach rechts und wandern zuerst unter dem Heuberg entlang und dann durch Weidewiesen bis zu den ersten Häusern von **Ohlstadt** (7.15 Std.). Bei einer Cellofabrik, wir erkennen sie an den Stapeln von auffällig geschnittenem Holz, die vor dem Haus trocknen, biegen wir rechts in die Kühlmannstraße ein, wenden uns auf ihr nach etwa 50 m nach links und wandern nach weiteren 100 m rechts auf dem Greutweg direkt den Hügel hinauf. Diese Straße macht einen Linksbogen und führt über ein paar Wiesen zum Warmfreibad von Ohlstadt, wo man sich den Wanderstaub abspülen kann (7.45 Std.).

Diagonal hinter dem Parkplatz am Bad beginnt ein Wiesenweg. Auf ihm wandern wir an den alten Dorfrand und zu unserem Ausgangspunkt, dem Maibaum am **Ohlstädter Rathaus,** zurück (8 Std.).

Badefreuden, Wandervergnügen

Rund um den Staffelsee

Mit seinen vielen Buchten ist der Staffelsee eigentlich gar nicht so typisch für einen oberbayerischen See. Doch gerade das macht seinen Reiz aus und lässt uns Wanderer immer wieder neue Formen schauen.

DIE WANDERUNG IN KÜRZE

++

Anspruch

Charakter: einfache Ganztageswanderung auf teilweise geteerten Straßen und Feldwegen, auch für Kinderwagen geeignet

6 Std.

Gehzeit

Wanderkarte: Umgebungskarte 1:50 000 Pfaffenwinkel–Staffelsee oder Karwendelgebirge

19 km

Länge

Einkehrmöglichkeiten: Gasthäuser in Uffing

Anfahrt: Murnau liegt an der **Bahn**strecke Weilheim–Garmisch. **Bus**anbindung von allen größeren Orten der Umgebung. Vom Bahnhof bzw. Busbahnhof geht man auf der Seehauser Straße bzw. Bahnhofstraße zur Pfarrkirche von Seehausen und an ihr vorbei auf der Dorfstraße zum See (30 Min.). Mit dem **Auto** Autobahn A 95 München–Garmisch zur Ausfahrt Kochel/Murnau, von dort über Murnau nach Seehausen. Parkplätze an der Pfarrkirche und am See.

Baden: an den ausgewiesenen Stellen am Staffelsee

Ausgang unserer Wanderung ist der Parkplatz am See in **Seehausen.** Wir gehen zuerst am Ufer entlang bis zu dem Kreuz am Seespitz. Es markiert die Stelle, an der früher ein Steg die Insel Wörth mit dem Festland verband. Bis 1782 stand die Pfarrkirche von Seehausen auf dieser Insel. Das hat lange Tradition: Ausgrabungen haben gezeigt, dass auf Wörth die wohl älteste Steinkirche nördlich der Alpen stand. Vermutlich war hier eines der Urklöster, von denen aus nach den Stürmen der Völkerwanderung die Rekultivierung begann.

Wir wandern am Strandbad vorbei weiter durch die Rosspointstraße. Ein grünes Schild mit der Zahl »1«

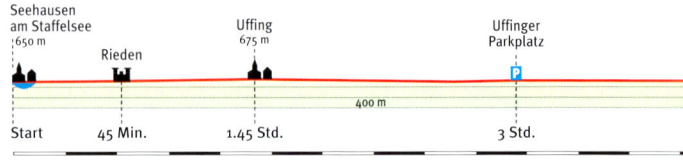

Seehausen am Staffelsee
650 m

Rieden

Uffing
675 m

Uffinger Parkplatz

400 m

Start · 45 Min. · 1.45 Std. · 3 Std.

0

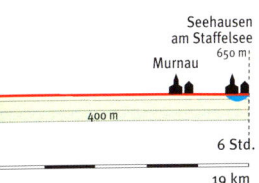

und der Aufschrift »Staffelseerund-weg« weist uns den Weg. Bei dem Feldkreuz unter einer Eiche gehen wir geradeaus über die Wiese auf einen kleinen Hügel. Oben haben wir einen schönen Blick über den See, vor uns liegt die kleine Kirche und das Schloss von **Rieden**, das Andreas Andre erbaut hat.

Vor dem Schloss (45 Min.) kreuzen wir die Landstraße und gehen durch die alten Bauernhöfe auf der anderen Straßenseite, bis uns ein Wegweiser nach links den Weiter-weg über die Wiesen zeigt. Wir wandern an einem Feldkreuz vorbei und überqueren die Bahnlinie. Unmittelbar hinter den Schranken wenden wir uns nach links und gehen neben den Gleisen bis zur Galveigenstraße, die nach **Uffing** hineinführt (1.45 Std.).

Abkürzung: Wer eine gute halbe Stunde Weg abkürzen möchte, geht die Murnauer und die Schöffauer Straße entlang, biegt dann links in die Straße Am Geißbühl ein und folgt der Harberger Straße bis zur Obernacher Straße. Kurz nach dem Wanderparkplatz trifft man wieder auf unseren Wanderweg.

Auf der Murnauer Straße gehen wir einige Meter rechts zu einer Telefonzelle und nehmen die Straße, die

135

Kreuz am Seespitz

sich in spitzem Winkel zurück zum See wendet. Zwischen zwei Häusern kann man dann auf einem Fußweg direkt zum See absteigen. Unten, am **Restaurant Alpenblick,** von dessen Terrasse man einen herrlichen Blick über den See genießt, wenden wir uns nach rechts und schon nach etwa 100 m wieder nach links in den Birkenweg, der sich am Seeufer entlangzieht. Beim **Gemeindebad Uffing** kommen wir wieder auf die Fahrstraße und wandern am Segelclubgelände und am Campingplatz vorbei. Die Teerstraße biegt nach links ab, für uns geht es auf der ungeteerten Straße weiter zu einem Bauernhof und von dort über die Wiesenwege wieder zum Seeufer. Ein aufgeschütteter Weg führt über federnden Moorboden zu einem **Badeplatz** (2.15 Std.) und dann ein Stück weiter am Ufer entlang. Bei einer Hinweistafel über die Moorvegetation wenden wir uns wieder

nach Norden, Richtung Uffing. (Der Weg, der weiter am Seeufer entlang führt, ist in den Sommermonaten immer gesperrt, weil dort viele Wiesenbrüter ihre Nester haben. Wir empfehlen ihn auch zu den anderen Jahreszeiten nicht, denn meistens ist er so nass und sumpfig, dass man zumindest hohe Gummistiefel braucht, um durchzukommen.)

Wir wandern nun auf einer Straße bis fast bis zum **Uffinger Parkplatz** (3 Std.) und von dort in spitzem Winkel auf der Obernacher Straße wieder südwärts. Kurz vor **Obernach,** vor der Achbrücke, macht die Straße einen Knick nach rechts. Wir biegen links ab und wandern an der Ach entlang, die wir später auf einer kleinen Brücke überqueren. Wir wandern weiter geradeaus, kommen durch ein kleines Wäldchen und erreichen schließlich den Süduferweg (4.15 Std.), auf dem wir, immer am Seeufer entlang, zunächst nach **Murnau** (5.30 Std.) kommen. Nach den ersten Häusern biegt unser Weg links ab, führt über einen Parkplatz und dann bis zum Hinweisschild »Campingplatz« neben der Straße entlang. Wir wenden uns nochmals nach links und gehen auf den Campingplatz zu, der auf der **Halbinsel Burg** liegt. Kurz vor dem Eingang geht es nach rechts auf dem Birkenweg direkt zum **Seeparkplatz von Seehausen** (6 Std.).

Zwischen Iris und Knabenkraut

Durch das Murnauer Moos

Das Murnauer Moos ist das größte zusammenhängende Moorgebiet Mitteleuropas. Ein hervorragend ausgebauter Wanderweg erschließt seine Schönheiten, ohne der Natur Schaden zuzufügen.

DIE WANDERUNG IN KÜRZE

+
Anspruch

3 Std.
Gehzeit

11 km
Länge

Charakter: einfache Halbtageswanderung auf gepflegten Wanderwegen, auch mit Kinderwagen möglich, nach starken Regenfällen etwas nass!

Wanderkarte: Umgebungskarte 1:50 000 Pfaffenwinkel–Staffelsee oder Karwendelgebirge

Einkehrmöglichkeiten: Lindenkiosk in Westried, Einkehr »Am Ähndl« bei der Ramsachkirche

Anfahrt: Murnau liegt an der **Bahn**strecke Weilheim–Garmisch. **Bus**anbindung von allen größeren Orten der Umgebung. Vom Bahnhof geht man durch die Bahnhofstraße zum Gabriele-Münter-Platz und dann weiter über den Burggraben und die Mühlstraße zur Ramsachstraße, auf dieser rechts zur Ramsachkirche (30 Min.). Mit dem **Auto** von der Autobahn A 95 München–Garmisch, Ausfahrt Kochel/Murnau, nach Murnau, dort Richtung Garmisch, nach der Bahnunterführung rechts in die Ramsachstraße zur Ramsachkirche, wo ausreichend Wanderparkplätze zur Verfügung stehen.

Wir beginnen unsere Wanderung bei der **Ramsachkirche St. Georg,** die am Rande des Murnauer Moos unterhalb von Murnau steht (»Moosrundweg Nr. 5« mit blauen Schildern). Wir überqueren den Ramsachbach und wandern an seinem strauchbewachsenen Ufer entlang ins Moor. Im Frühsommer schimmern die Moorwiesen blau und lila, Iris, Knabenkrautgewächse und das schöne Läusekraut, das ganz zu Unrecht seinen hässlichen Namen trägt, bereiten diese Farbenpracht, dazu leuchten dicke sonnengelbe Büschel Sumpf-

dotterblumen aus den Wiesen. Ein großartiges Gebirgspanorama umrahmt das Moorgebiet: die Bergkette Herzogstand und Heimgarten (Tour 29), das Estergebirge mit der Hohen Kisten und dem Fricken (Tour 23), im Hintergrund ragen ein paar Spitzen des Wetterstein zum Himmel, dann folgt das Ammergebirge mit dem Ettaler Manndl (Tour 16) und dem Hörnle (Tour 13), das mit seinem großen Bergsturzgebiet von dieser Seite her unverkennbar ist.

Der Weg schwingt sich tief in das Moorgebiet hinein. Nach einer Stun-

Iris im Murnauer Moos

de überqueren wir den Bach und gehen an einer Schranke und einem Holzkreuz vorbei in den Wald. Bei der Weggabelung nehmen wir den linken, für Reiter und Radler gesperrten Weg, wenden uns nach ca. 100 m nach rechts und erreichen einen langen Bohlenweg, der uns trockenen Fußes durch den **Langer Filz** führt. Hier ist das Moor nicht mehr ganz so nass, Birken und Kiefern konnten Fuß fassen. Wie empfindlich die Vegetation ist, lässt sich hier recht gut beobachten: Unmittelbar neben den Brettern, wo Wanderer immer mal neben die Bohlen treten, wachsen ganz andere Pflanzen als ein paar Meter weiter, wo sie ungestört sind.

An einer Unterstandshütte vorbei (1.45 Std.) erreichen wir das Ende des Bohlenweges und wandern auf einem Wirtschaftsweg um ein Blockhaus (Privatbesitz) herum, das genau an der Grenze zum Naturschutzgebiet steht. An diesem Weg kann man sehr schön den Aufbau des Moores beobachten: Ganz oben liegt eine Lage aus fast unverrotteten Nadeln, es folgt eine humusähnliche Schicht, die nach unten immer mehr in speckigen, nassen Torf übergeht. Würde man noch weiter graben, fände man eine dicke, wasserundurchlässige Lehmschicht. Sie staut das Wasser auf, das dann die moortypischen Verrottungsvorgänge ablaufen lässt. Wir erreichen **Westried** (2 Std.), gehen auf der Graf-Alban-Straße zur Moosrainer Straße und schließlich geradeaus durch **Moosrain**. Am Ortsende nehmen wir einen kleinen Fußweg hinauf zur Bahntrasse, überqueren sie (2.15 Std.) und wechseln nach knapp 10 Min. wieder zurück. Wir gehen bis zur Straße, folgen ihr etwa 50 m nach rechts und biegen dann bei der Landschaftsschutztafel wieder links Richtung Ramsach ab. Durch den Wald und über Weiden kommen wir zurück zur **Ramsachkirche** (3 Std.).

Abstrakte Kunst im ›Russenhaus‹

›Russenhaus‹ nannten die Murnauer das Domizil der Malerin Gabriele Münter und ihres Gefährten Wassily Kandinsky abfällig, denn das Verhältnis der beiden entsprach den

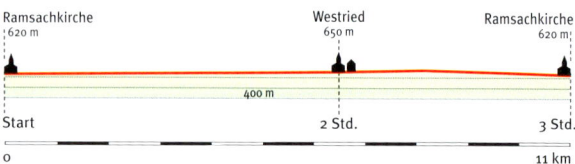

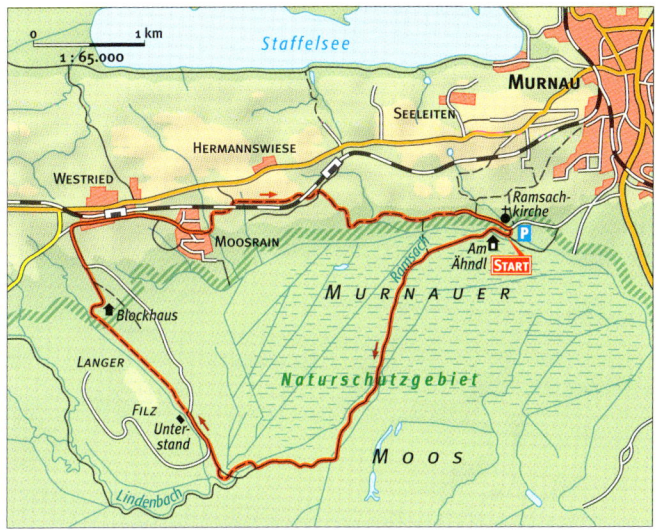

Moralvorstellungen der Zeit vor dem Ersten Weltkrieg wenig. Und von ihren Bildern hielten sie sowieso nichts: Man konnte ja nichts mehr darauf erkennen, und die Farben entsprachen der Wirklichkeit ganz und gar nicht. Damit befanden sich die Murnauer allerdings in guter Gesellschaft, denn auch die offizielle Kunstkritik lehnte die abstrakte Kunst vehement ab.

In der turbulenten Zeit zwischen den Gründerjahren und dem Ersten Weltkrieg war in Deutschland der Boden für die Kunst fruchtbar wie nie. Der vorwiegend von deutschen Künstlern entwickelte Expressionismus hatte internationale Geltung erlangt. Nun versuchten Künstler wie Wassily Kandinsky, Franz Marc, Alfred Kubin und Gabriele Münter das Wesen der Dinge mit immer abstrakter werdenden Formen und Farben zu erfassen. Sie schlossen sich zur Gruppe »Der Blaue Reiter« zusammen, brachen mit dem für sie fast zum Zwang gewordenen Bohè-

meleben Schwabings und fuhren aufs Land. Franz Marc zog nach Sindelsdorf und kaufte sich später in Ried bei Benediktbeuern ein Haus, Gabriele Münter lebte mit Wassily Kandinsky in der Kottmüller Allee in Murnau in einem Haus, in dem sie, mit Unterbrechungen, bis zu ihrem Tod 1962 blieb. Die wichtigsten Bilder aus den Anfängen der abstrakten Malerei sind hier in Murnau und in seiner unmittelbaren Umgebung entstanden.

Heute sind die Murnauer stolz darauf, dass sich diese wichtige Phase der modernen Kunst in ihrer Stadt vollzogen hat, dass Bilder aus Murnau heute in allen wichtigen Museen der Welt zu finden sind. Das Münterhaus ist öffentlich zugänglich (tgl. außer Mo 14–17 Uhr, ☎ o 88 41-62 88 80), es ist nach wie vor mit den Originalmöbeln und vielen Erinnerungsstücken an die Künstlerin ausgestattet. Bilder von Gabriele Münter werden im Murnauer Schlossmuseum ausgestellt.

Register

Die neuen Wanderführer für Aktive zu den schönsten Wanderzielen Europas.

»DUMONT macht mobil! DUMONT *aktiv* heißt die neue Reiseführerreihe für Wanderfreunde. Ob Schwarzwald, Dolomiten, Irland oder die Pyrenäen, die Reiseführer im handlichen Format geben nützliche Informationen über Wandersaison, Ausrüstung sowie interessante Naturerscheinungen entlang der vorgeschlagenen Routen. Farbige Höhenprofile zu jeder Wanderung lassen sofort erkennen, wie anspruchsvoll der Weg ist und wieviel Zeit man dafür einplanen muß.«
                    Augsburger Allgemeine

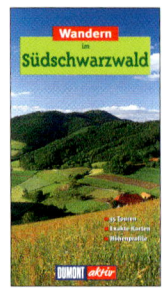

»Sie passen in jede Rucksackseiten- oder Anoraktasche. Die kompakte Form geht jedoch nicht zu Lasten der Beschreibungen. Jede Route wird mit allem geschildert, was wichtig ist: der Wanderzeit, der Weglänge, dem Routen-Charakter bis hin zu Sehenswürdigkeiten und Einkehrmöglichkeiten am Wege.«   *Welt am Sonntag*

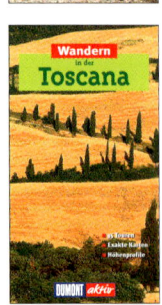

Weitere Informationen über die Titel der Reihe DUMONT aktiv erhalten Sie bei Ihrem Buchhändler oder beim DUMONT Buchverlag • Postfach 10 10 45 • 50450 Köln Besuchen Sie uns im Internet: http://www.dumontverlag.de

Abbildungsnachweis

Alle Fotos: Wilfried Bahnmüller, Geretsried-Gelting, außer:
Lisa Bahnmüller, Geretsried-Gelting   Titelbild, S. 2, 8, 41, 111

Karten und Höhenprofile: Berndtson & Berndtson Productions GmbH, Fürstenfeldbruck   © DuMont Buchverlag, Köln

Impressum

Titelbild: Blick von Höfle zwischen Garmisch-Partenkirchen und Mittenwald auf das Wettersteingebirge mit Zugspitze

Über den Autor: Dr. Wilfried Bahnmüller, geboren 1939 in Rosenheim, studierte Chemie und promovierte auf dem Gebiet der Wissenschaftlichen Fotografie. Er ist berufenes Mitglied der Deutschen Gesellschaft für Photographie. In der Reihe DuMont aktiv erschienen von ihm die Bände ›Allgäu‹ und ›Bayerisches Oberland‹. Er lebt heute in Gelting bei München.

Die deutsche Bibliothek – CIP-Einheitsaufnahme
Bahnmüller, Wilfried:
Wandern im Pfaffenwinkel und Werdenfelser Land / Wilfried Bahnmüller. - Köln : DuMont, 2000
        (DuMont aktiv)
        ISBN 3-7701-5085-6

Graphisches Konzept: Groschwitz, Hamburg
© 2000 DuMont Buchverlag, Köln
Alle Rechte vorbehalten
Druck: Rasch, Bramsche
Buchbinderische Verarbeitung: Bramscher Buchbinder Betriebe

ISBN 3-7701-5085-6